역주 송파유고

• 송파 松坡 임식 林植

중종 34년 1539~선조 22년 1589

본관은 평택(平澤)이고 자는 숙무(叔茂), 호는 송파(松坡)이다. 아버지는 형조좌랑 정수(貞秀)이고, 어머니는 전의 이씨(全義李氏)로 진남(震男)의 딸이다. 1564년 이이(李珥) · 유성룡(柳成龍)과 함께 사마시에 합격하고, 1572년 춘당시(春塘試)에 병과로 급제, 승문원부정자에 임명된 뒤 여러 벼슬을 역임하고 1575년 사복시주부를 거쳐 공조좌랑에 승진되었다. 성균관전적 · 이조좌랑 · 병조정랑 · 홍문관교리 등을 역임하고, 외직으로 영변판관과 구성부사를 거쳐 강계부사가 되었다. 그 뒤 모함을 받아 파직당하여 홍주(洪州)의 결성(結城)에 돌아간 뒤 조정에서 여러 번 불렀으나 나아가지 않고, 그곳 부해정(浮海亭)이라는 정자에 은거하며 일생을 마쳤다. 시문에 능하였으며 저서로 『송파유고(松坡遺稿)』 1권이 있다.

서 문

『송파유고(松坡遺稿)』는 조선 중기의 기호사인(畿湖士人)인 임식(林植) 선생의 시문집(詩文集)이다. 송파(松坡)는 선생의 아호(雅號)이다. 선생은 중종대(中宗代)에 나서 명종(明宗), 선조(宣祖) 연간을 지냈으니 이른바 목릉성세(穆陵盛世)의 문운(文運)을 함께하였다. 선생이 일찍이 명종(明宗) 갑자(甲子) 사마방(司馬榜)에 율곡(栗谷), 서애(西崖), 오리(梧里), 학봉(鶴峰) 등 불세출의 현재(賢才)들과 동방(同榜)이었음도 우연은 아닌 듯하다. 선생은 곧 문과(文科)에 급제하여 승문원(承文院)에 분관(分官) 되었으나 아직 사화(士禍)의 여파(餘波)가 남아 있던 때라 그 후 벼슬에 현달하지 못하고 반생을 낭관(郎官)과 군읍(郡邑)을 왕래하여 요직에 기용되지 못하니, 대체로 그 뜻과 행동이 고결하여 세속을 따라 어울리지 아니하여서 움직이면 배척을 당하였던 때문이다. 선생의 식견(識見)과 문재(文才)가 뛰어났던 것에 비해 그 시문(詩文)이 널리 알려지지 아니한 하나의 요인이기도 하다.

비록 선생의 나아감이 뜻과 같지 아니하고 그 몸이 고단하고 만년에는 결성(結城)[현 홍성]의 궁벽한 곳에 머물렀으나 그 인품과 경륜과 재예는 지란(芝蘭)의 유향(幽香)과 같아서 절로 그 시문(詩文)에 드러났다. 애석하게도 선생의 유고 중 대부분이 임진(壬辰), 계사(癸巳)의 전란에 소실되고 제현(諸賢)의 문집 중에 전문(傳聞)된 것을 겨우 수습하여 이제 남은 것은 수십 편에 지나지 아니하나 편편이 다 주옥이라 더욱 잃어버린 시문에 대한 안타까움이 더하다.

선생의 시문(詩文)을 일별하건대, 더러는 섬계(剡溪)에 노닌 대안도(戴安道)의 풍류를 흠모하고 하지장(賀知章)의 은거를 노래하며 흰 구름과 맑은 물가의 모래를 참된 부귀로 삼았으니 선생의 고아한 인품을 알겠으며, 더러는 망천(輞川)의 왕유(王維)를 웃고 동파(東坡)의 시의(詩意)에 견주었으니 선생의 문한(文翰)이 호방함을 알겠으며, 경국(傾國)의 미색(美色)과 고소대(古蘇臺), 결기각(結綺閣)의 고사(故事)를 회고하며 고금(古今)의 흥망성쇠를 탄식하니 선생이 세상을 경계(警戒)하였던 뜻을 알겠으며, 오자서(伍子胥)의 충절(忠節)과 관우(關羽)의 의기(義氣)와 제갈량(諸葛亮)의 충심(衷心)을 헤아렸으니 선생이 가슴 속에 간직하고 당대에 펼치지 못하였던 경륜의 안타까움을 짐작할 만하다.

선생의 어떤 글은 한가한 자연의 서정 속에서 천도(天道)의 굳건함을 읽게 하고, 또 어떤 글은 인정(人情)을 돌아보게 하고, 또는 나약한 필부(匹夫)의 뜻을 붙잡아 세우기에 족하다. 특히 선생의 칠언(七言) 장편(長篇)들은 당신의 호활(浩闊)한 뜻을 많이 드러내었으니, 읽는 이로 하여금 절로 옷깃을 여미게 한다.

그러므로 선생의 생애가 비록 결성의 구석진 곳에 그치었으나 뜻은 사해(四海)의 안팎과 고금을 오르내려서, 남겨진 글로써 후세의 사람들이 선생이 당대에 품었던 뜻과 선생의 인품에 접할 수 있음은 천행이라 하겠다.

우암연구소에서는 『송파유고』를 누구나 쉽게 읽을 수 있는 역주본(譯註本)으로 다시 간행하는 일을 기획 추진하던 중, 마침 송파(松坡) 선생의 예손(裔孫)이기도 한 임동철(林東喆) 충북대 총장께서 다망(多忙)한 가운데 시간을 쪼개어 문중에 가전(家傳)되던 선생의 유고를 다시 정리하여 체재를 가다듬고 역주의 일을 맡아주셨고, 우암연구소 감수위원 이두희(李斗熙) 선생께서 최종 검토를 하여 일이 마무리되었다. 이 자리를 빌어서 두 분의 노고에 감사드린다. 또한 이 책의 간행을 흔쾌히 허락하신 충북대학교 출판부에도 감사의 뜻을 전한다.

2010년 6월

忠北大學校 尤庵硏究所 所長 金聖基

임식(林植)의 생애와 『송파유고(松坡遺稿)』

임식(林植, 1539~1589)의 자는 숙무(叔茂), 호는 송파(松坡)이며 본관은 평택(平澤)이다. 충정공(忠貞公) 언수(彦脩), 충간공(忠簡公) 성미(成味), 상양(尙陽), 첨(襜), 종직(從直)이 윗대가 된다. 증조가 되는 만근(萬根)은 첨정을 지냈고 이조참판의 증직을 받았으며, 조부가 되는 준(畯)은 문과 급제 후 장수로 천거되어 북도병마절도사(北道兵馬節度使)를 지냈다. 청양현감을 지낸 정수(貞秀)가 부(父)가 되며, 금호(錦湖) 형수(亨秀, 1514~1547)가 중부(仲父)가 된다.[1] 중부 금호공이 을사사화에 피화되었다가 다시 정미사화에 사사되었고, 아우가 되는 관해(觀海) 회(檜, 1562~1624)는 광주목사로 있다가 이괄의 난 때 순절하여서 송파공과 함께 절의(節義)와 지절(志節)로 이름이 있었다.[2]

---

1) 준(畯)은 원수(元秀), 형수(亨秀), 정수(貞秀), 길수(吉秀) 4형제를 두었다.

2) 현재 광주(光州)의 '등림사(登臨祠)'는 임식(林植)과 더불어 금호(錦湖) 임형수(林亨秀), 관해(觀海) 임회(林檜)를 제향하여 이들의 절의(節義)와 지절(志節)을 높이 기리고 있다.

송파는 중종 34년(1539)에 나주 송현(松峴)에서 태어났다.[3] 어머니는 진남(震男)의 따님인 전의 이씨이다.[4] 어려서부터 자질이 영민하고 특히 시를 잘 지었다고 한다. 연보에 따르면 송파는 중부인 금호공과 재종조인 삼청당(三淸堂) 휴(畦)에게 수학하였다. 특히 9세 때 금호공이 정미사화의 참화를 만난 사건은 송파에게 정신적 충격이었을 뿐 아니라 이후의 삶에 큰 영향을 미쳤을 것으로 보인다.

명종 19년(1564) 26세에 사마시 진사시에 합격하였는데 이때 이이(李珥), 유성룡(柳成龍), 이원익(李元翼), 심충겸(沈忠謙), 김성일(金誠一), 서익(徐益), 백광훈(白光勳) 등 17인과 함께 동방급제하였다. 이때의 급제자를 '십칠명현(十七名賢)'이라 하였으며, 당시에 예원(藝苑)의 성대한 일이라고 회자되었으니, 이때부터 송파의 덕행과 명망이 탁월하였음을 짐작할 수 있다. 선조 2년(1569)에 아우가 되는 관해 회(檜)에게 글을 가르쳐주었다고 한다. 선조 5년(1572)에 문과에 오르니 심충겸과 동방(同榜)이었고, 그해 여름 승문원에 분관(分官)되고 가을에 권지정자(權知正字)가 되었다. 선조 6년(1573)에 영남에 호송관으로 갔다가 가주서(假注書)에 임명되고 이듬해 겨울에 주서(注書)가 되었다.

---

3) 충정공(忠貞公) 언수(彦脩)는 벽상삼한삼중대광(壁上三韓三重大匡) 평성부원군(平城府院君)이며, 충간공(忠簡公) 성미(成味)는 광정대부(匡靖大夫) 삼사우사(三司右使) 상호군(上護軍)을 지냈으니 개경에서 대대로 명망 있는 집안이었다. 그러다가 공의 5세조 첨(襜)이 상배(喪配) 후 형제를 데리고 처가인 나주 나씨의 집으로 이거하자 그곳에서 외조부 나설(羅設)이 종직(從直) 형제를 키우면서 나주가 세거지가 된 것이다.

4) 부친 정수(貞秀)와 어머니 전의 이씨 사이에 3형제(植, 楫, 檜)를 두었는데 회는 숙부 길수(興陽縣監)에게 출계하였다.

송파는 선조 9년(1576)에 병조좌랑에 임명되고, 이듬해에 전적(典籍)에 임명되었다. 선조 11년(1578)에는 전라도 순무어사, 이조좌랑, 병조정랑, 충청좌도 경차관 등에 차례로 임명되었다가 그 해 겨울에 홍문관 교리에 승진되었다. 선조 12년(1579)에 예조정랑에서 형조정랑으로 임명되었다가 다시 영변판관(寧邊判官)으로 부임하였다. 이때 지은 칠언율시 「영변벽상운(寧邊壁上韻)」 2수가 있다. 이곳에 있으면서 치적이 많았다고 한다.

선조 18년(1585) 공의 나이 47세에 형조좌랑에 임명되었으나 상피(相避)로 인해서 일이 어긋나 구성부사(龜城府使)로 부임하게 되었다. 치적이 많아서 선조 21년(1588)에 강계부사(江界府使)로 승진하였으나 파직되어 충청도 결성으로 돌아왔다. 이는 공의 재주와 학행이 세상에 뛰어나고 논리가 정대(正大)하여 간인들의 시기와 질투를 한 몸에 받았기 때문이다. 송파는 이곳에서 '부해정(浮海亭)'이라는 편액을 걸고 '송파거사(松坡居士)'라 자호하며 남은 생애를 마치려 하였다. '부해(浮海)'란 『논어(論語)』「공야장(公冶長)」에 나온 말인데, 공자가 천하의 어지러움을 탄식하여 "도가 행해지지 않으니 뗏목을 타고 바다에 뜨리라.(道不行 乘桴浮于海)"라고 한 이후로, 어지러운 세상을 버리고 바다에 뗏목을 띄우고 멀리 떠나고 싶다는 비유로 곧잘 쓰인다. 그 후 조정에서 송파를 참의(參議)로 임명하여 불렀으나 끝내 부임하지 않았다. 이때의 심정이 「자해(自解)」 시에 잘 함축되어 있다. 부해정에 자처(自處)한 지 1년 뒤에 돌아가시니 공의 나이 51세였다. 홍성 덕명리(현재 청양군 화성면 수정리)에 장사지내고, 자손들이 그곳에 대대로 살아 세거지가 되었다.

초배(初配)인 해주 최씨 사이에 2남을 두고, 계배(繼配)인 창원 유씨 사이에 4남3녀를 두고, 전의 이씨 사이에 2남을 두었다. 그 중 장남 득인(得仁)은 주부(主簿)이고, 차남 득의(得義)는 이몽학의 반란을 토평하여 청난공신(淸難功臣)에 녹훈되고 평성군(平城君)에 봉해졌다.

송파는 현주(玄州) 조위(趙緯), 현강(玄江) 한찬남(韓纘男), 만죽(萬竹) 서익(徐益), 손곡(蓀谷) 이달(李達), 고죽(孤竹) 최경창(崔慶昌), 사암(思菴) 박순(朴淳), 송당(松塘) 유홍(兪泓), 오산(五山) 차천로(車天輅) 등 당대의 걸출한 정치가요 문학인들과 교유하였다. 송파가 가정(嘉靖) 갑자년 사마방에 급제하였을 때, 동방급제한 17명현에는 율곡(栗谷) 이이(李珥), 서애(西崖) 유성룡(柳成龍), 오리(梧里) 이원익(李元翼), 사양(四養) 심충겸(沈忠謙), 학봉(鶴峯) 김성일(金誠一) 등이 포함되어 있었으니 당시 송파가 교유한 인물과 송파의 명망을 짐작할 수 있다. 『송파유고』에는 정지상의 원운과 함께 송파의 「大同江次樓船韻」과 최경창, 서익, 이달의 차운시가 나란히 수록되어 있다. 이는 『평양지(平壤誌)』에도 수록되었을 뿐 아니라 당시에 이름깨나 있는 시인들이 대거 참석한 모임이었기에, 이때의 일화는 『청창연담(晴窓軟談)』, 『제호시화(霽湖詩話)』 등 역대의 시화집에 거듭 게재되기도 하였다. 당풍를 잘 구사하여 시명(詩名)이 높았던 손곡 이달이 쓴 「贈龜城林明府」는 『손곡집』에도 수록되어 있다.

이처럼 송파는 명망 있는 인사들과 폭넓은 교유를 하였던 것으로 여겨지는데, 특히 서익(徐益)과 정의가 두터웠던 것으로 보인다. 유몽인의 『어우야담(於于野談)』에는 다음과 같은 일화가 실려 있다.

> 선조 때 임식이 친상을 당하여 나주에 계셨다. 이때 무장(茂長) 현감 서익(徐益)이 조문을 왔었다. 가난한 상가라서 제사지낼 쌀이 떨어졌다하니 서익은 머리를 끄덕이며 그럴 것이라 하고 돌아가더니 며칠 지나서 백미 삼백 석을 상가로 보내왔다. 임식도 어려운 빛도 보이지 않고 말없이 받았다. 두 분의 정의는 막역하였고 도량은 한없이 넓으시어 의협심에 치우치면 법도 두려워하지 않는 것이 이러하였다.

이상의 일화나, 청음 김상헌이 의주부윤을 지낸 김여물(金汝岉)의 비문에 "같이 노시던 분은 모두 걸출한 선비였다. 의주부윤을 지낸 서익과 구성부사를 지낸 임식이 가장 친하였다."라고 한 것을 통해서도 서익과의 교유와 청음의 허여를 짐작할 수 있다. 또한 송파는 현주(玄州) 조위(趙緯), 현강(玄江) 한찬남(韓纘男, 1560~1623)과는 형제처럼 정의가 두터웠다고 한다. 이들과 주고받은 일상의 편지나 시문들이 상당수 있을 것인데 현전하는 자료의 부족으로 실증할 수 없는 것이 안타까울 따름이다.

송파의 시문은 그의 후손 상두(相斗)가 임진년과 계사년의 병란 중에 타고 남은 시문 약간 편을 수습하고 제선생문집(諸先生文集)에 보존되어 있던 과체시를 합하여 『송파유고(松坡遺稿)』를 간행하였다. 서문은 홍경모(洪敬謨, 1774~1851)가 짓고 발문은 김낙용(金洛龍, 1777~1853)이 썼다. 「송파임공세보(松坡林公世譜)」와 「송파공연보(松坡公年譜)」가 책머리에 있고, 『송파유고』에 수록된 내용은 다음과 같다.

『松坡遺稿』 目錄		
型式	篇數	備考
五言律詩	4	
七言絶句	8	
七言律詩	11	
附諸賢輓	2	兪泓, 車天輅
雜著	1	
謝方伯書	1	
附表	1	
附詩	30	
嘉靖甲子司馬榜十七名賢	1	出南藥泉家訓
書林松坡司馬榜後敍	1	吳達運書
諸家雜說	1	出於于野談
躋公錦江書院道內儒狀	1	

송파는 당대에 시로써 이름이 났던 것으로 보인다. 일찌이 『조선왕조실록』「선조 18년 을유(1585)」조에 "시를 읊는 재주가 있고 또 활 쏘는 기예에 뛰어났다."라고 평가받은 것이나, 계곡(谿谷) 장유(張維)가 "임공은 시로써 세상에 울렸다."라고 한 것을 통해서도 알 수 있다. 그러나 애석하게도 병란에 소실되어 현재 약간 편만 남아 있는 정도다.

'시품출우인품(詩品出于人品)', '문즉인(文則人)'이라는 말이 있는데 시의 품격은 바로 시인의 인품에서 나온다는 뜻이다. 비록 송파의 시가 몇 편 되지 않지만 그의 인품과 시의 품격을 가늠하기에는 충분하다. 송파의 대표시라 할 수 있는「自解」한 편을 살펴보자.

> 시냇가에 芝蘭이 헛되이 나서 늙어가는데
> 봄새는 다정하게도 온 골짝에서 우는구나.
> 십리 긴 파도에 비바람 사나우니

외로운 배 쓸쓸히 저문 조수에 비껴 있네.

芝蘭虛老澗邊生 春鳥多情萬谷鳴
十里長波風雨惡 孤舟寥落晩潮橫

위의 시는 송파가 결성에 부해정을 짓고 자처하였을 때 지은 것이다. 첫째 구의 '지란(芝蘭)'이란 시어는 세상에 나가지 않고 은거할 고결한 뜻을 품은 자신에 대한 비유로 쓰였다. 셋째 구의 '장파(長波)', '풍우(風雨)'의 시어는 시인을 둘러싼 부당한 현실을 의미한다. 이 시에는 고과평정에서 높은 점수를 받았음에도 불구하고 자신을 시기하는 자들에 의해 부득이하게 강계부사에서 파직되어 결성으로 오게 된 불편한 심사와 쓸쓸한 회포가 잘 함축되어 있다. 또한 송파의 고결한 지행(志行)과 탁세를 오시(傲視)하고 있음을 알 수 있기에 송파시의 풍격을 대표하는 시라고 할 수 있다.

다음의 시는 「葵花向日紅」이다.

온통 푸른 숲에 꽃 소식 없더니
뜰 가에 한 떨기 고운 진홍빛이어라.
태양 따라 기우는 천성 보존했을 뿐
세상의 여느 풀과 같음을 한탄하지 않노라.

綠盡千林花事空 一叢庭際媚深紅
只全天與傾陽性 未悵人間衆草同

흔히 해바라기는 항상 태양을 따라 기울기 때문에 임금에게 충성하는 신하의 단충(丹衷)에 비유된다. 위의 시에서도 같은 의미로 쓰였으나 전결구의 사의가 남다르다. 임금을 사모하는 마음이 천성에서 나온 것이기에 세상의 보통 풀과 똑같아도 별반 슬퍼하지 않는다는 말이다. 즉, 임금을 사모하는 단충이 있으면 그뿐이지, 남들이 알아주지 않는다거나 낙척불우(落拓不遇)하게 된 것을 한탄하지 않는다는 뜻이 담겨 있으니 평상시 송파의 소양(所養)과 고아한 인품을 짐작할 수 있다.

이처럼 송파의 시에는 불우한 현실과 쓸쓸한 회포가 잘 함축되어 있으나 온후하면서도 돈독한 성정과 오롯한 뜻을 함께 읽을 수 있다.

다음의 시는 평상시 송파의 성정을 가늠할 수 있는 예가 된다.

한 동산에 봄은 가버리고
날씨는 점점 청화하네.
버들개지 흩어져 바람 앞에 춤추고
꾀꼬리 비온 뒤 노래 전하네.
한가하니 시정(詩情)도 게으르고
손님 오니 바둑 생각 간절하네.
이웃 늙은이에게 묻노니
담장 머리에서 술을 넘겨줄 수 있는지.

一園春去盡　天氣轉淸和
絮罷風前舞　鶯傳雨后歌
詩情閑處懶　碁思客來多
爲向隣翁問　牆頭酒可過

시제가 「청화절(淸和節)」이니, 음력 4월의 이칭이다. 버들솜이 바람에 흩어지고 비온 뒤 꾀꼬리 소리 들리는 봄날의 풍경과 이를 즐기는 시인의 정취가 묻어 있다. 한가하고 나른한 봄날이라 시 짓는 마음도 게을러지고, 손님이 오니 함께 바둑 둘 생각만 많다고 하였다. 천시(天時)와 인사(人事)가 갖추어진 이 때에 어찌 술이 빠지겠는가? 마지막 두 구는 두보(杜甫)의 「夏日李公見訪」의 '且問有酒不 牆頭過濁醪'를 용사(用事)한 것이다. 일상에서 느끼는 정회를 담박하게 시화하였으니, 이 또한 송파시의 또 다른 면이라 할 수 있다.

현전하는 송파시를 일별하였을 때, 「悔敎夫壻覓封侯」, 「邯鄲宮人下嫁厮養卒婦」, 「關將軍刺顔良於萬衆圖」 등 중국의 역사를 소재로 하여 쓴 30 편의 장편시는 마치 중국 역사책을 거침없이 읽어내려 가듯 쏟아내고 있어 호방하고 장대한 스케일과 역사에 대한 시인의 의식을 읽을 수 있는 송파의 걸작이라 할 수 있다.

송당(松塘) 유홍(兪泓, 1524~1594)이 송파의 만사에 "문무를 겸전하고 재주도 탁월하여 짝할 사람이 없다."라고 한 바 있으니 이상의 몇 편의 시를 통해서도 충분히 증빙이 된다고 할 수 있다.

2010년 6월

原任 忠北大學校 總長 林東喆

| 차 례 |

송파유고

송파유고 부록

松坡集

| 일러두기 |

1. 이 책의 국역 대본은 임상두(林相斗)가 간행한 『松坡集』을 저본으로 하였다.
2. 국역은 가능한 한 직역을 원칙으로 하되, 직역으로 뜻이 통하지 않은 경우 의역도 하였다.
3. 국역을 앞에 싣고, 원문을 뒤에 첨부하는 것으로 하였다.
4. 원문에는 독자의 편의를 위해 표점을 찍고 인명, 지명, 연호 등에는 밑줄을 그어 표시하였다.
5. 한자는 이해를 돕기 위하여 병기하였다.
6. 권말에 저본이 되는 『松坡集』을 영인하여 첨부하였다.

송파유고

송파집서

시라는 이름은 『서경(書經)』 「우서(虞書)」에 처음 시작되어, "시는 뜻을 말한 것이다."라고 하였다. 뜻은 성정(性情)의 나아가는 바라 하니, 시는 성정에 근본을 둔 것이다. 마음에서 우러나는 것이 뜻이요, 뜻이 발하여 말이 되고, 말이 나와서 노래가 되어 성률(聲律)에 조화된 것이다. 크게는 그 성률을 다스려 나라의 번창을 선양할 수 있고, 다음은 각자의 저축된 심정에 울분을 터트리고 회포를 펴서 그 성령(性靈)을 후련하게 발산할 수 있다. 시는 성정에 근본을 둔 것이기 때문에 인품(人品)과 마음가짐을 여기서 볼 수 있다. 『시경(詩經)』 삼백 편 이후로 한(漢)·위(魏)의 고체(古體)와 당(唐)·송(宋)의 근체(近體)가 울연히 성행하여 천변만화(千變萬化)는 한 가지의 체제로 말할 수 없다. 그러나 인품과 마음가짐에서 우러나는 것이기 때문에 인품이 높으면 시격(詩格)이 높고 마음가짐이 바르면 시체(詩體)가 정대(正大)하여 숭상하는 뜻을 말하고 성정을 표현하는 데는 마찬가지라 하겠다.

송파(松坡) 임공(林公)은 명종·선조의 성시(盛時)에 태어나 대과(大科)에 급제하여 전랑(銓郎)[1]과 옥서(玉署)[2]를 두루 거쳤

---

1) 銓郎(전랑): 조선시대 이조와 병조의 정5품 정랑(正郎) 및 정6품 좌랑(佐郎)을 합하여 부르던 말.

2) 玉署(옥서): 홍문관(弘文館). 궁중의 경서·사적·문서 따위를 관리하고 임

으나 금호공(錦湖公)[3]의 종자(從子)로서 액운의 때를 만나 벼슬이 현달하지 못하고 고향으로 물러나서 노후를 마쳤다. 그러나 그 높은 뜻과 깨끗한 행적, 의기(義氣) · 풍절(風節)은 고인에 비겨 손색이 없는데, 때를 만나지 못하여[4] 옛날 직(稷) · 설(契) · 고(皐) · 기(夔)[5]처럼 요순의 선치(善治)를 이루는 데 참여하지 못하고 우울한 시름을 풀 곳이 없어 한결같이 시를 썼다.

그런 까닭에 그 시는 성정이 돈독하고 시상이 멀고 깊어서 비록 불우한 곤경 중에서도 취향(趣向)은 화창하고 심령(心靈)이 절로 드러나 온화하면서 부드럽고 돈후함에 어긋남이 없었다. 문집 중에 규화(葵花)를 읊는 것이나 자해(自解) 시를 읽어보면 공의 뜻이 심정에서 발하여 예의(禮義)에 그친 것을 알 수 있다. 지금 그의 후손 상두(相斗)가 전란 중에 타고 남은 시문을 모아 가지고 와서 세상에 간포(刊布)하기로 하고 서문을 부탁하였다. 내 비록 글을 쓰지 못하나 마음 깊이 흠모하는 바이라 사양하지 않고 서문을 쓰는 바이다.

아! 공은 금호공(錦湖公)을 숙부로 모시고 관해공(觀海公)[6]을

금의 자문에 응하였음.

3) 금호(錦湖) : 이름은 임형수(林亨秀 1514~1547), 자는 사수(士遂), 본관은 평택이다. 중종 때 문과에 급제하여 주서 · 기사관 · 사서 등의 직을 거쳐 부제학에 승진되었다. 을사사화에 제주목사로 좌천 곧 파면되었다. 윤임의 파로 몰려 절도 안치된 뒤에 곧 사사되었다. 이황 · 김인후와 교분이 두터웠고, 문장에도 뛰어나 많은 사람들의 칭송을 받았다. 뒤에 신원되었고, 1702년(숙종 28) 나주의 송재서원(松齋書院)에 제향되었다. 저서로는 『금호유고』가 있다.

4) 감람(坎壈) : 일이 뜻대로 안 되어 마음이 답답함.

5) 직설고기(稷契皐夔) : 요순시대의 네 현신(賢臣)인 후직(后稷) · 설(契) · 고요(皐陶) · 기(夔)를 말한다.

6) 관해(觀海) : 임회(林檜 1562~1624). 조선중기의 문신. 본관은 평택(平澤). 자

아우로 하였다. 금호공은 사화에 돌아가시고 관해공은 순절하였으나, 공은 금호·관해의 시대에 살면서 금호·관해 같은 화는 면하였다. 여기서도 그의 사람됨을 상상할 수 있으니 그 글을 읽음에 더욱 그 사람을 알 수 있다. 공은 오늘에서 볼 때 아득히 속세를 떠나 한가하게 지내는 사람인 듯하지만, 그 남긴 시를 읊조리며 깊고 아득한 심정과 운치를 더듬어 볼 때 완연히 공을 자리에서 대하는 것과 같을 것이니, 직접 공을 뵙는 듯하다고 말할 만하다. 시는 성정에서 나오고 인품과 마음가짐이 드러나는 바이니 거의 거짓이 아닐 것이다.

병자년(1816) 중하(仲夏)
보국숭록대부 원임 이조판서 홍문관 제학
홍경모(洪敬謨)[7] 삼가 쓰다

는 공직(公直), 호는 관해(觀海). 증좌승지 정수(貞秀)의 아들이며, 숙부(叔父) 길수(吉秀)에게 출계하였다. 정철(鄭澈)의 문인이자 사위이다. 1611년 50세에 별시문과에 병과로 급제하여 성균관전적이 되었으나 대북파 정인홍(鄭仁弘)·이이첨(李爾瞻)에게 모함을 당하여 곧 사직하였다. 1613년 다시 전적에 기용되었으나 이듬해 정인홍의 무함으로 임서(林惰)·정기룡(鄭起龍)과 함께 왕의 친국을 받은 뒤 양산에 유배되고, 아들 득붕(得朋)은 곤양에 유배되었다. 1623년 인조반정으로 대북파가 몰락하고 서인이 집권하자 예조정랑에 복직되었으며, 군기시첨정을 거쳐 이조판서 겸 대제학 신흠(申欽)의 추천으로 광주목사(廣州牧使)가 되어 남한산성의 수축을 독려하였다. 1624년 이괄(李适)의 난이 일어나 도성을 침범하므로 박영서(朴永緖)·마우현(馬佑賢)과 함께 패주하는 적을 추격하다가 경안역(慶安驛)싸움에서 전사하였다. 좌승지에 추증되고 전라남도 나주의 정렬사(旌烈祠)에 제향되었다.

7) 홍경모(洪敬謨 1774~1851) : 조선후기의 문신·학자. 본관은 풍산(豊山). 자는 경수(敬修), 호는 관암(冠巖) 또는 운석일민(耘石逸民). 이조판서를 지낸 홍양호(洪良浩)의 손자로, 이조판서 낙원(樂源)의 아들이다. 1816년 별시문과에 병과로 급제하여 헌종 때 대사헌을 거쳐 이조·예조·호조·병조의

松坡集序

詩之名於「虞書」始而曰: "詩言志." 志者, 性情之所之, 詩本乎性情者也. 在心爲志, 志發爲言, 言出成歌, 協于聲律. 大者相其聲以鳴國家之盛, 次亦足抒憤寫懷有觸于情, 即可以宕其性靈, 是詩本乎性情, 而人品心術亦於是見. 自三百篇后, 漢·魏之古體, 唐·宋之近體, 蔚然而盛, 千變萬化不名一體, 而終以人品心術爲根柢, 人品高則詩格高, 心術正則詩體正, 總之不出乎言志, 而其抒寫性情一也. 松坡 林公生乎明·宣盛際, 登高科, 平步於銓郎·玉署之間, 以錦湖之從子, 阨於時, 官不顯, 退而終老於湖鄉, 蓋其志高行潔, 氣義風節, 皆不欲居古人下, 而遭逢坎壈, 不得與稷·契·皐·夔 共襄唐·虞之治, 抑鬱憂愁, 無所發洩, 一寫於詩. 故其爲詩, 性情篤至, 寄託遙深, 雖於困頓悱惻之中, 天趣盎然, 心靈自露, 不乖乎溫柔敦厚之正. 觀乎集中「詠葵花」·「自解」兩詩, 亦足以知公之志而發乎情止乎禮義者矣. 今其後孫相斗, 捃拾兵燹中殘膏賸馥, 將付剞劂氏, 託以弁首. 余雖不文, 心焉儀之, 遂不辭而序之. 噫! 公以錦湖爲叔, 觀海爲弟, 而錦湖死於禍, 觀海殉於節, 公處於錦湖·觀海之世, 獨能免錦湖·觀海之禍, 斯可以想見其爲人, 而讀其書, 尤爲知其人也. 公之於今, 邈然若上世人, 而誦其遺篇, 挹其遙情深致, 宛然如對几席之間, 謂之親見公, 可也. 詩者性情之所之, 與人品心術之所見, 殆不誣乎!

丙子 仲夏

輔國崇祿大夫 原任 吏曹判書 弘文館 提學 洪敬謨 謹書

판서를 역임하였고, 판돈녕부사에 이르렀다. 독서를 즐겨 장서가 많았으며, 문장에 능하고 글씨도 뛰어났다. 저서로 『관암전서』 32책이 있다. 시호는 문정(文貞)이다.

오언율시

음력 사월 淸和節

한 동산에 봄은 가버리고
하늘 기운 점점 청화하네.
버들개지 흩어져 바람 앞에 춤추고
꾀꼬리 비 뒤에 노래 전하네.
한가하니 시정(詩情)도 게으르고
손님 오니 바둑 생각 간절하네.
이웃 늙은이에게 묻노니
담장 머리에서 술을 넘겨 줄 수 있는지.

一園春去盡, 天氣轉淸和.
絮罷風前舞, 鶯傳雨后歌.
詩情閑處懶, 碁思客來多.
爲向隣翁問, 牆頭酒可過.

부벽루의 판상 시운을 따서 짓다[송당집에 실려 있음]
浮碧樓板上[出松塘集]

가을물 맑다 못해 짙푸르고
목란 배 천천히 움직이네.
은갑(銀甲)으로 거문고 타니
노래 목메어 검은 눈썹 낮아지네.
강 위의 달 정취도 많거니
술잔 가는 곳마다 따라오네.
동남의 좋은 손 다 모였으니
고상한 모임에 시가 없을 수 있으랴

秋水澄澄碧, 蘭橈緩緩移.
絃鳴銀作甲, 歌咽黛低眉.
江月多情趣, 金樽到處隨.
東南盡美客, 高會可無詩.

이금고에게 주다 贈李琴高

가슴 속 현묘한 음률을 깨닫고
신비스런 소리 손끝의 줄이라
넓고 아득함은 구강(九江)[8]이 흐르듯
높고 낮은 기세는 삼협(三峽)[9]의 산세인가?
음악소리 진동하는 밤 의기 분발하니
출전할 때처럼 넋도 서러워라.
유연히 악보 밖의 생각은
오직 종자기(鍾子期)[10]만이 알리라

妙悟胸中律, 音神指下絲.
九江流浩渺, 三峽勢參差.
氣奮歌鍾夜, 魂傷出塞時.
悠然譜外思, 惟有子期知.

---

8) 구강(九江): 중국에 있는 큰 강. 아홉 줄기 강이 팽려택으로 들어가는 것이 유력하다. 여기서는 거문고 소리를 형용한 말이다. 『晉太康地理志』.
9) 삼협(三峽): 사천성에 있는 양자강 상류의 세 협곡. 곧 무협·구당협·서릉협.
10) 종자기(鍾子期): 중국 춘추 시대 초나라 사람. 당시 거문고의 명인이었던 백아(伯牙)의 친구로서 그의 거문고 소리를 잘 알아들었다고 한다. 종자기가 죽자 백아는 자기의 음악을 이해하여 주는 이가 없음을 한탄하여 거문고 줄을 끊고 다시는 거문고를 타지 않았다고 한다.

이상사 호문의 시냇가 정자 李上舍好問溪亭

들길에 남여도 편하기에
사립문에 벗님을 찾아 왔네.
푸른 시내 비 맞아 불고
붉은 연꽃 못에 가득 새로워라.
술상이야 비록 조촐한 맛이라도
다정한 웃음소리 친밀도 하오.
빠듯한 일정에 머물지 못하여
작별할 제 또 다시 머뭇거렸네.

野路藍輿穩, 柴扉訪故人.
碧溪衝雨漲, 紅藕滿池新.
草草盃盤味, 勤勤笑語親.
嚴程不可住, 臨別重逡巡.

칠언절구

자해 自解

지란이 시냇가에 헛되이 늙어가니
봄새들 다정하여 많은 골짝에서 우는구나.
십리의 긴 물결 비바람 사나워
외로운 배 쓸쓸히 저문 조수에 비껴 있네.

芝蘭虛老澗邊生, 春鳥多情萬谷鳴.
十里長波風雨惡, 孤舟寥落晩潮橫.

해바라기 해를 향해 붉다 葵花向日紅

온 숲 푸르러 꽃놀이 끝났는데
뜰 가에 한 떨기 곱게도 붉었어라.
태양 따라 기우는 천성 보존했을 뿐
세상의 뭇 풀과 같음을 한탄하지 않네.

綠盡千林花事空, 一叢庭際媚深紅.
只全天與傾陽性, 未悵人間衆草同.

대동강에서 누선의 시운을 따서 짓다[평양지에 실려 있음] 大同江次樓船韻[出平壤誌]

긴 물가 내 낀 나무에 석양빛도 많은데
비파와 쟁을 타며 고운 노래 부르네.
좋은 술 백여 병에 사람들 취하려 하는데
배에 가득한 이별의 한에 강 물결만 이네.

長洲煙樹夕陽多, 寶瑟瑤箏倚艷歌.
芳醑百壺人欲醉, 滿船離恨一江波.

원운을 기록하다 原韻 – 정지상(鄭知常)

비 개인 긴 언덕 풀빛도 푸르른데
남포(南浦)로 그대 보냄에 슬픈 노래 나오네.
대동강 물 어느 때나 다하려나?
이별의 눈물 해마다 푸른 물결 보태주니.

雨歇長堤草色多, 送君南浦動悲歌.
大同江水何時盡, 別淚年年添綠波.

앞의 운을 따서 짓다 次韻 – 고죽 최경창(孤竹 崔慶昌)

머나먼 강 언덕 버들도 많은데
작은 배에서 아득히 채련가(采蓮歌) 부르네.
연꽃[紅衣][11]은 다 지고 가을바람 늦은데
날 저문 물가에 흰 물결 이누나.

水岸悠悠楊柳多, 小船遙唱采蓮歌.
紅衣落盡秋風晩, 日暮芳洲生白波.

앞의 운을 따서 짓다 次韻 – 만죽 서익(萬竹 徐益)

남호(南湖)의 사녀(士女)들 연밥 따기 바빠서
이른 아침 단장하고 노래 서로 부르네.
치마에 차지 않으면 돌아갈 줄 모르고
때로는 먼 물가의 풍파에 막히기도 하네.

南湖士女采蓮多, 曉日明粧相應歌.
不到盈裳不回楫, 有時遙渚阻風波.

11) 연꽃[紅衣] : 홍의는 연꽃의 별칭. 당 허혼(許渾)의 〈秋晩雲陽驛西亭蓮池〉. "烟開翠扇淸風曉 水泥紅衣白露秋".

앞의 운을 따서 짓다 次韻 – 손곡 이달(蓀谷 李達)

연잎은 우거지고 연밥도 많은데
연꽃 사이로 아가씨들 노래 섞였네.
돌아갈 때 횡당[12]어귀에서 만나자 약속했기에
힘겹게 노 저으며 물 거슬러 올라가네.

蓮葉參差蓮子多, 蓮花相間女娘歌.
歸時約伴橫塘口, 辛苦移舟逆上波.

개성 회고[4수] 開城懷古[四首]

서관(西關)에서 병이 많아 가는 길 멈추었더니
비 온 뒤 찬바람에 소름 끼치네.
느지막이 고도(故都)로 들어가니 내 낀 풀만 가득한데
무너진 대 쓰러진 성첩 모두가 쓸쓸하네.

西關多病滯征途, 雨後凄風正粟膚.
暮入故都煙草滿, 壞臺殘堞揔堪吁.

12) 횡당 : 중국의 지명.

또 짓다 又

푸른 여지(荔枝) 붉은 감귤 거친 성을 에웠는데
성 가에 말 세우니 감회도 많다.
저 언덕 어느 곳이 왕후의 집터인가?
석양빛에 황량한 들판 한눈에도 평평하네.

碧荔紅柑護廢城, 城邊立馬獨多情.
丘陵何處王侯宅, 斜日寒蕪一望平.

또 짓다 又

영롱한 개울물 담 넘어 들리는데
돌다리 무너지고 길은 갈라졌네.
큰 꿈 빛나던 업적 지금은 어디 있는가?
거친 대에 솔이 누워 저녁 빛만 밝구나.

澗水玲瓏隔越聞, 石橋崩敗路纔分.
雄圖赫業今何處, 松偃荒臺空夕曛.

또 짓다 又

호화 저택이며 연못과 누대, 곳곳이 의심되니
옛 나라 없어지고[13] 산천이 변해 시조(市朝)도 바뀌었네.
석양에 들풀은 오의항(烏衣巷)[14] 같은데
천년 뒤에 다시 섭몽득(葉夢得)[15]의 사(詞)를 읊었네.

甲第池臺處處疑, 黍離陵谷市朝移.
夕陽野草烏衣巷, 千載重吟夢得詞.

---

13) 옛 나라 없어지고 : 서리(黍離)는 『시경』의 편명. 나라가 망한 것을 슬퍼한 시이다. 『詩經』 王風 黍離. "彼黍離離 彼稷之苗".

14) 오의항(烏衣巷) : 중국의 金陵(南京, 남경) 성남, 동오(東吳)의 오의영(烏衣營)이 그곳에 주착해서 오의항이라고 한 것이다. 당나라 시인 유우석(劉禹錫)이 오의항(烏衣巷)이란 시를 지은 적이 있다. 그 시는 야초와 석양으로 육조의 비극을 상징하였다. 오의항은 원래 동진 시기 왕씨 · 사씨 두 문벌이 있던 곳인데 후에 보통 백성만 남아 있었다.

15) 몽득사(夢得詞) : 몽득은 송나라 사람. 자는 소온(少蘊) 호는 석림(石林). 남송 때 호부상서가 되고 소흥 초에 강동안무대사에 임명되었다. 그는 사(詞)를 잘 지어 석림사(石林詞)라는 책을 남겼다. 『宋史』 四百四十五.

사암의 '휴정 서산대사 송별시'를 써서 영관(靈觀)[16] 대사의 시축에 쓰다
用思菴[17] 送休大韻 書靈觀軸

영산의 십년 동안 옛 인연 있어
천고의 연기 노을이 동천을 가리웠네.
비단 같은 봉우리 두루 밟아 이틀 밤 묵으니
재 지내는 종소리 참으로 맑구나.

靈山十載舊因緣, 終古煙霞鎖洞天.
踏盡錦峰成信宿, 不堪清梵動齋筵.

원운 原韻 – 사암 박순(思菴 朴淳)

나의 벗 청허(清虛, 西山大師)가 세상 인연 끊고
백발 되어 다시 묘향산으로 들어가네.
그대여 잠깐 스님 보내는 일 멈추게 하고
관서(官書)를 보내 법연(法筵)을 시끄럽게 하지 말게나.

吾友清虛斷世緣, 白頭重入妙香天.
憑君暫借停僧便, 莫遣官書擾梵筵.

---

16) 영관(靈觀) : 조선전기의 승려로 조운(祖雲)과 9년의 참선 후 지엄(智儼)을 만나 대오(大悟)하였다. 보우(普愚)의 법통을 계승하고 이를 휴정(休靜, 서산대사)에게 전수하여 한국 불교의 정통을 확립하는 데 공헌하였다.
17) 사암(思菴) : 문충공 박순(朴淳). 조선중기의 문신 · 학자.

칠언율시

영변의 벽 위에 걸린 시운을 따서 짓다[만력 기묘년 가을]
寧邊壁上韻[萬曆己卯秋]

일생을 선경에 살면서 풍연(風煙) 속에 늙어가니
이 난간 앞에서 얼마나 헤어지고 머물렀나?
시냇가 길엔 방초와 고운 모래 있고
동중천엔 한가한 구름, 흐르는 물 있네.
눈에 들어온 비로봉 푸르게 하늘에 닿고
기수(琪樹)는 처마에 닿아 푸른빛 자리에 떨어지네.
석양에 읊고 나서 쓸쓸히 말 없으니
여정(旅情)과 시흥(詩興)이 모두 애처롭네.

百年仙境老風煙, 多少分留在檻前.
瑤草玉沙溪上路, 閑雲流水洞中天.
爐峯入望青磨漢, 琪樹連簷翠滴筵.
吟斷斜陽悄無語, 旅情詩興兩堪憐.

또 짓다 又

외로운 정자 그림 같고 나무는 연기 같아
한가한 손 올라오니 상쾌하기만 하네.
넓은 들은 두 줄기 개울물로 나누어지고
뭇 봉우리 한 하늘 둘러 받쳤네.
혼인하는[朱陳][18] 옛 풍속 어찌 순박하다 혐의할까?
갈림길에 피로하여 자리 잠깐 빌렸네.
십년 동안 남북의 좋은 곳 다 보았으니
이 몸 우습기도 하고 또 한편 가련하기도 하네.

孤亭如畫樹如煙, 倦客登臨爽氣前.
平野界分雙澗水, 亂峯環簇一區天.
陳朱舊俗寧嫌朴, 岐路筋疲且借筵.
南北十年窮勝覽, 此身堪笑亦堪憐.

---

18) 혼인하는[朱陳] : 주진은 강소성 풍현의 동남쪽에 있는 마을. 이 마을은 오지에 있어 두 성씨가 대대로 혼인하며 살았다. 백거이(白居易)의 〈朱陳村〉.

김계휘[19] 중회 영감이 종계변무(宗係辨誣)를 주청하는 일로 북경에 조회하러 감을 송별하면서

寄別金繼輝重晦令使以宗係奏請朝京

이번 행차에 뜻을 이루지 못하면 돌아오지 않고 북경에 뼈를 묻을 생각이 있었기에 제 4구에 말한 것이다.

是行也, 不成不返, 有埋骨燕山之志, 故第四句及之.

가을 달 아름답고 밤도 긴데
고인의 기두성(箕斗星)처럼 높은 뜻 아득히 생각나네.
불우한 반평생에 단심만 남아 있어
거북한 만리 길에 백골 묻기 기약하네.
무함 받던 일[20] 천일(天日, 천자)이 비춰주고
곧은 충성 다시 귀신도 알아주리.
내년 봄에 온 나라가 새 명을 받는다면
눈물 흘리며 성주의 자비를 함께 보리라.

---

19) 김계휘(金繼輝) : 조선중기의 문신. 중회는 자, 본관은 광산. 김장생의 아버지다. 문과에 급제하여 응교 · 전한 · 부제학을 거쳐 예조참의에 올라 사은사로 중국에 다녀오고 평안도 관찰사로 있다가 변무사로 다시 중국에 다녀왔다.

20) 무함 받던 일 : 명나라 태조실록과 『대명회전(大明會典)』에 조선 태조가 고려의 권신 이인임(李仁任)의 후손으로 기재되어 이를 정정해 달라고 여러 번 명나라 조정에 건의한 일. 선조 17년에 황정욱을 보내 그것을 고쳤으며 유홍(兪泓)이 다시 들어가 고쳐진 『대명회전』을 가지고 돌아왔다.

秋月娟娟秋夜遲, 故人箕斗渺相思.
半生零落丹心在, 萬里艱危白骨期.
誣枉已云天日照, 精忠况復鬼神知.
明春擧國迎新命, 揮涕同瞻聖主悲.

이우의 시냇가 정자에 쓰다 題李遇溪亭

작은 정자 날듯이 버들 언덕 동쪽에
화려한 처마 가득히 달빛을 받네.
임원(林園)과 친근한 마음 그대는 승지(勝地)를 차지하고
벼슬 길 위태로워 나는 바람을 잡는 듯하네.
저문 노을 어리어 고운 옥빛 같고
맑은 서리에 푸른 연잎도 시들어가네.
문 앞에 흘러가는 맑은 물결 가장 사랑하노니
한 줄기 근본으로 모이는 뜻과 같아서라네.

小構翬飛柳岸東, 華簷虛受月溶溶.
林園契熟君專勝, 鵷鷺蹤危我捉風.
暮靄黯迷青琬琰, 清霜凋盡碧芙蓉.
門前最愛滄浪水, 一脈朝宗意味同.

작은 연못에 연을 심다 盆池種蓮

신령한 뿌리를 뜰 가에 옮기니
부드러운 흙 맑은 물 성질도 맞추었네.
큰 잎 일산만한 것이 물 위에 뜨고
새 줄기에 푸른 엽전이 말려 있음을 보겠네.
홍련화(紅蓮花) 피거든 높은 선비 감상하기 기다리고[21]
눈 같은 실 미인이 당기는 듯
근년에 절로 이 둥근 집을 사랑하노니
그대 칠택(七澤)[22]으로 뻗기를 감히 바라지 않네.

移得靈根小砌邊, 香泥清水性能全.
不須大葉浮青盖, 且看新心卷綠錢.
紅藕將待高士翫, 雪絲誰許美人牽.
年來自愛穹廬好, 未敢期君七澤連.

---

21) 높은 선비 감상하기 기다리고 : 송나라의 염계(濂溪) 선생은 연을 몹시 사랑하여 〈애련설(愛蓮說)〉을 지었다. 『古文眞寶』 八.

22) 칠택(七澤) : 초나라에 있는 일곱 개의 못. 연은 남방의 식물이기 때문에 이른 말이다.

영변의 임명부(林明府)[23] 에게 답하다 答寧邊林明府

– 만죽 서익(萬竹 徐益)

가을 잎 지면 봄 풀 돋아 이어질 때가 생각나니
하늘의 계절과 사람의 일 함께 이동하네.
옛 변방 천리에서 편지가 왔고
새해의 정월이 옴에 객은 또 한 살 늙는구나.
들 누각에 눈 쌓여 옛날처럼 희고
변방의 산에 달이 오름에 몇 번이나 둥글었나?
우리 인생 언제나 이별만 하고 살겠나
비로봉이 내가 되어도 만날 기회 있으리라.

秋葉相思春草連, 天時人事共推遷.
書從古塞來千里, 客到新正老一年.
雪壓野樓依舊白, 月臨關岫幾回圓?
浮生未必長離別, 會有爐峯變作川.

---

23) 명부(明府) : 백성들이 지방 장관을 높여 이르는 말. 곧 수령·군수·부사·목사 등을 이르는 말이다. 여기서는 송파공이 영변판관으로 있었기 때문에 이른 말이다.

구성(龜城)[24]의 임명부(林明府)에게 주다 贈龜城林明府

– 손곡 이달(蓀谷 李達)

8월 변방에 서리 내려 옷 줄 때 가까우니[25]

북풍은 나뭇잎에 불고 기러기 남으로 날아가네.

뉘라서 범숙(范叔)[26]의 이 같은 가난을 가련하게 여길까?

소진(蘇秦)[27]처럼 피곤하여도 돌아가지 못함이 절로 우습구려.

해서의 집에는 소식이 끊어지고

변방 밖으로 여행함에 친구도 드무네.

등 앞에 잠깐 고향 그리는 꿈꾸니

---

24) 구성(龜城) : 평안북도의 서쪽에 위치.

25) 옷 줄 때 가까우니 : 고대 중국의 빈(豳) 나라에서는 9월에 날이 추워지면 나라에서 겨울옷을 주었다. 여기서는 8월이 됨에 옷을 줄 때가 가까워졌다는 말이다. 『詩經』 豳風 七月. "七月流火 九月授衣".

26) 범숙(范叔) : 전국시대 위(魏)나라 사람. 이름은 수(雎), 숙은 그의 자다. 제후에게 유세하면서 먼저 위나라의 중대부(中大夫) 수가(須賈)를 섬겼다. 수가를 따라 제나라에 사신으로 갔는데 제양왕은 그의 구변을 좋아하여 선물을 많이 주고 후대하였다. 수가는 속으로 불쾌하게 여기고 위나라로 돌아와 위나라의 재상 위제(魏齊)에게 말하기를, "범숙이 제왕에게 위나라의 비밀을 알려주어 후대를 받았다"고 하니 위제는 노하여 범숙을 때려 갈비가 부러지고 이가 빠지게 하고 가두었다. 범숙은 거짓 죽은 체 하다가 탈출하여 진(秦)나라로 가서 장록(張祿)이라 이름을 바꾸고 벼슬하여 재상이 되었다. 수가가 진나라에 사신으로 갔는데 범숙은 수가가 왔다는 말을 듣고 일부러 누더기의 옷을 입고 수가를 만나니 수가는 전날의 범숙이 여기에 와서 이렇게 춥고 고생 하는가?[范叔一寒至此哉] 하고 자기의 옷을 벗어 주었다. 그러나 뒤에 자기의 신분을 말하고 수가를 위나라로 돌려보냈다. 여기서는 송파공이 청빈하게 지냄을 뜻한 말로 보인다. 『史記』 范雎列傳.

27) 소진(蘇秦) : 전국시대의 유세객. 처음에는 귀곡선생에게 배워 제후에게 유세하였으나 받아들여지지 않아 할 수 없이 피로한 몸으로 집으로 돌아오니 형수와 처첩이 모두 비웃었다. 그러나 뒤에 다시 여러 나라에 유세하여 융숭한 대우를 받았다. 『史記』 蘇秦列傳.

가을물 안개 속에 옛 낚시터 잠겼네.

『국조시산(國朝詩删)』에 매우 아름다운 작품으로 비점을 주었다.

八月邊霜近授衣, 北風吹葉雁南飛.
誰憐范叔寒如此, 自笑蘇秦困未歸.
家在海西音信斷, 客來關外故人稀.
燈前暫結思鄉夢, 秋水烟沉舊釣磯.
[國朝詩删批絶佳之作]

앞에 있는 운자를 사용하여 김덕보(金德普) 풍암(楓巖)에게 사례하다 再用前韻仰謝金公楓巖[德普]

여러 날 동안 소식이 잠잠하여
날마다 굽이굽이 돌아서 푸른 봉우리에 올랐네.
늙어감에 사는 맛은 항상 적막하고
병들어 옴에 마음속은 더욱 시고 차갑네.
기쁜 까치 소리 놀라 들음에 난새 같은 선비 오고
향기로운 편지 받아봄에 고운 말씨를 보겠네.
천리 밖에서 온 시는 얼굴을 대신 보는 듯
하물며 지금 바라봄에 또 한 겹의 산 막혔구나.

音容脈脈數旬間, 日日腸回在碧巒.
老去生涯長寂寞, 病來心緒益酸寒.
驚聞喜鵲鸞士至, 欣奉香牋繡語看.
千里詩筒能替面, 況今相望一重山.

풍암 김공이 차운하다[2수] 楓巖金公次韻[二首]

같은 병 안고 지척 간에 서로 그리워하면서
마음은 흐르는 물 따라 구름 밖 산으로 나왔네.
가벼운 안개 밝은 해 근심의 창자는 괴롭고
서늘한 달 맑은 밤 바라보는 눈만 차가워
속뜻은 말 밖에서 찾겠고
그윽한 회포는 문득 시구 가운데 보이네.
오랜 병 다 버리고 가을바람 뒤에
가벼운 지팡이 짚고 다시 산에 오르고 싶네.

同病相思咫尺間, 心隨流水出雲巒.
輕霞朗日愁腸苦, 凉月淸宵望眼寒.
細意每憑言外覓, 幽懷却向句中看.
沉痾各祛秋風後, 願逐飛笻更上山.

또 짓다 又

풀 깔고 수석의 사이에서 술병 따르며
종일 그대 기다리며 우거진 산을 바라보았네.
봄 단풍나무 잎 속에 아침 이슬 감추고
늙은 나무 가지에는 저녁의 찬바람 이네.
나는 듯한 폭포수 잠 깬 뒤에 완상하고

층암의 절경은 취중에 보았네.
이 때 이런 경관 누가 기록할까?
쓸쓸히 쓰러지듯 누워 산을 베고 잤네.

藉草傾壺水石間, 待君終日望林巒.
春楓葉裏藏朝露, 老樹枝邊釀夕寒.
飛瀑最宜眠後翫, 層巖絶勝醉中看.
此時此景誰能記? 悄悵頹然枕碧山.

백인걸[28] 휴암의 만장 輓白仁傑休菴

일대의 외로운 충신 둘도 없는 선비요
헌납(獻納)의 자리에서 삼경에 홀로 진계(陳啓)한 사람일세.
산악은 정이 있어 이 노인을 태어나게 하니
저승에 돌아가면 응당 다시 빛나는 별 되리라.

孤忠一代無雙士, 獻納三更獨啓人.
山嶽有情生此老, 歸泉應復作星辰.

---

28) 백인걸(白仁傑 1497~1579) : 조선중기의 학자. 자는 사위(士偉). 조광조의 문인. 양재역 벽서 사건에 연루되어 안변에 유배되었다. 소윤 세력이 몰락하자 승문원 교리로 등용되고 붕당의 조짐이 일어나자 파주로 퇴거하였다. 조광조를 문묘배향 하는 데 적극 노력하였으며 청백리에 뽑혔다. 시호는 문경이다.

제현의 만장을 부록하다

임송파(林松坡)의 만장 輓林松坡

– 송당 유홍[29)](松塘 兪泓)

문무를 겸전한 재주 세상에 몇 사람이 있나?
공과 같이 탁월한 재주 옛날에도 따를 자 없었네.
삼년 동안 서쪽의 변방[구성부사]에 기이한 운수를 만났고
만 리의 길 남쪽을 도모함에[30)] 요로(要路)는 막혀버렸네.
국화꽃 피는 강가에서 함께 술잔 잡았고
백발이 된 하늘가에 두 사람의 노쇠한 신하일세.
옛 놀던 일 추억하면 그냥 감회만 깊어
한 번 조사(弔辭)를 씀에 또 눈물이 수건을 적시네.

文武全才世幾人, 如公卓犖古無倫.
三年西塞逢奇數, 萬里南圖隔要津.
江上黃花同把酒, 天涯白髮兩衰臣.
舊遊追憶徒增感, 一寫哀辭剩濕巾.

---

29) 유홍(兪泓 1524~1594) : 조선중기의 문신. 자는 지숙(止叔). 호는 송당. 본관은 기계. 문과에 급제하여 문관 요직을 거쳐 시관으로 있을 때 이 율곡을 뽑았고 함경도병마절도사 · 개성유수 등을 역임하였으며 종계변무사로 북경에 가서 종계의 오류를 고치고 돌아왔다. 이조판서 · 우의정에 이르렀다. 시호는 충목이다.

30) 남쪽을 도모함에 : 큰일을 이루고자 하는 원대한 뜻을 말한다.

또 짓다 又

특별히 기성(箕城 평양)의 저녁 생각하니
삼년 동안 편지가 막혔었네.
타향에서 욕되게 찾아오기 어려웠고
금세에 영원히 이별하였네.
제갈량과 같은 그대와 술잔을 함께 할 수 없고
누구를 위하여 서유자(徐孺子)[31] 처럼 탑(榻)을 내리게 할까?
조사를 눈물에 섞어 쓰니
새벽녘까지 들보 위엔 달빛[32] 훤하네.

別憶箕城夕, 三年阻一書.
他鄉難辱駕, 今世永分裾.
無復同杯葛, 誰爲下榻徐.
哀辭和淚寫, 樑月五更初.

---

31) 서유자(徐孺子) : 후한 시대의 명사인 서치(徐穉). 유자는 그의 자. 서치는 사람됨이 훌륭하여 그 고을의 태수인 진번(陳蕃)은 특별히 걸상을 만들어 두었다가 서치가 오면 걸상을 내려앉게 하였다. 여기서는 송파공이 서유자처럼 훌륭하다는 말이다. 〈滕王閣序〉, "徐孺下陳蕃之榻".

32) 들보 위의 달빛 : 친구를 그리워함을 비유한 말. 들보 위의 달빛을 보고 그대의 얼굴을 비춰주는가 의심하였다. 곧 두보가 이백을 꿈에 보고 지은 시에서 온 말이다. 두보의 〈夢李白〉. "落月滿屋樑 猶疑照顔色".

임송파(林松坡)의 만장 輓林松坡

– 오산 차천로[33](五山 車天輅)

구성(龜城)의 임부사(林府使)는
호협함이 당시에 으뜸이었네
과녁을 적중하니 활이 처음으로 강하였고
사람을 압도하는 말은 기이함을 토하였네.
승진이 불가할 것도 없는데
관직에서 떨어짐은 실로 슬픈 일일세.
참으로 안타깝구나, 서호의 눈송이가
겨우 푸른 잣 가지를 덮었으니.

龜城林府伯, 豪俠冠當時.
破的弓初勁, 侵人語吐奇.
秩陞非不可, 官落實堪悲.
最惜西湖雪, 僅封翠栢枝.

---

33) 차천로(車天輅) : 조선중기의 문신. 자는 복원(復元). 본관은 연안이다. 알성문과에 급제하여 개성교수를 역임하고 황윤길을 따라 일본에 다녀왔는데 얼마 되지 않은 기간이었으나 4,000 내지 5,000 수의 시를 지어 일본 사람들을 놀라게 하였다. 문장으로 이름이 높았으며 광해군 때 봉상시 첨정을 지냈다.

잡저

가만히 생각건대 이 글은 공이 만년에 부해정(浮海亭)을 짓고 노후를 마치려 하실 때 지어서 뜻을 표명하신 것 같다.

내 친구 제갈공명(諸葛孔明)이 융중(隆中)에서 밭을 갈며 살만한 곳을 골라 몇 칸 집을 엮고 띠풀로 덮고 서식할 곳을 만든 다음 나에게 기문을 쓰라하여, 나는 말하였다. "여기는 자네가 살 곳이 못된다. 무슨 기문이 필요한가? 무릇 군자가 어려서 배운 것을 커서 행할 때에 덕을 겸하기를 힘쓸 것이거늘 어찌 혼자만 잘 지내고 말자는 것인가?

자네는 왕을 보필할 재주를 갖고서 효제(孝悌)의 도를 행하고 어릴 때부터 지금까지 게을리 하지 않았으니 가슴 속에 쌓인 것이 많지 않는가? 한나라가 인(仁)을 쌓은 선대의 업적을 버리고 간신의 농간을 받아 환제(桓帝)·영제(靈帝)[34]에 이르러 더욱 무너져 버리듯이, 큰 재주를 품은 자라면 마땅히 분기할 때이다. 지금 자네는 덕을 많이 쌓은 자질로서 분발할 때를 맞이하여 아무리 이곳에서 혼자만 편히 지내려 하여도 되지 않을 것이네. 천하 사방을 주름잡는 큰 뜻이 어찌 이 한구석 방에서 오래 있을 수 있겠는가!

---

34) 환제(桓帝)·영제(靈帝) : 환제는 후한의 10세 황제. 이름은 지(志). 영제는 후한의 11세 황제 이름은 굉(宏). 모두 덕이 없고 다음 헌제에 이르러 조비(曹丕)에게 제위를 빼앗겼다.

雜著

竊意此書, 公晩年作浮海亭, 而將終老焉, 著此自解.

予友諸葛孔明, 躬耕隆中, 擇其可居者, 搆舍數椽, 覆之以茅, 爲棲息之所, 索予爲記. 予曰: "此非子宜居, 焉用記爲? 夫君子幼學壯行, 必以兼德爲務, 豈但獨善而已乎? 子以王佐之才, 行孝悌之道, 自齠齔, 以至于今不怠, 其積乎中者不既多乎? 漢棄累仁之業, 爲奸臣所竊, 始桓·靈, 遂迄于帝益壞, 而懷大材者所當奮也. 今抱多積之資, 遇當奮之時, 雖欲囂然于此而不可得, 則四方之志, 豈求於一室而止哉?"

방백에게 감사함을 올린 편지

평소의 사모함이 바야흐로 간절하던 차에 영감의 편지를 받자옵고 순리(巡履) 만복(萬福)하시다 하오니 매우 감격하고 위로가 됩니다. 질(姪)은 복이 지나쳐 재앙이 생김인지 시골로 물러남은 분수인가 하옵니다.

처음에는 호남에서 의탁해 살아볼까 하였으나 거기도 조그마한 토지가 없어 의지할 수 없고, 결성(結城)은 해변이라 일찍이 노복 한 명이 있었으나 역시 전지(田地)는 없습니다. 그러나 가깝고 편함을 취하여 몸을 맡기기로 결의하였더니 비좁은 토옥(土屋)은 무릎을 펼 수가 없고 날씨가 조금만 더워도 붉은 숯가마에 들어가는 듯하옵니다. 조석으로 땅바닥에 앉아 지내자니 다리가 신 증세를 일으킵니다. 더구나 자산이라곤 없어서 죽이나 음료도 이을 수가 없으며 고을에도 창고가 비어서 대곡(貸穀)도 얻을 수가 없으니 속수무책으로 앉아서 죽기만 기다리던 중에 지금 수레로 보낸다는 말씀을 들으니 말라죽는 고기의 목을 적시는 것 같습니다. 매우 감사하고 다행이오나 다른 구설이나 일지 않을는지요. 송구스럽습니다. 그러나 죽는 사람을 구해주심도 실로 큰일이오니 물품 오기만을 엎드려 기다렸다가 다시 사장(謝狀)을 올리겠습니다. 채식을 하는 데는 소금이 절실히 필요하오나 구할 수가 없으니 영내(營內)에 남은 것이 있거든 행여 보내주실 수 있으실는지요?

이곳은 바로 해안이라 지세가 기승(奇勝)하고 조수는 창 앞에 닿고 송림은 지붕을 덮어서 질퍽하고 땅이 낮고 습한 걱정은 없으니 편히 쉬어 노년을 마칠 곳으로 삼을까 하오나 시세를 알 수 없어 기필할 수 없습니다. 여기서 홍성(洪城)이 삼십 리라 조만간에 한번 가서 뵈어야 할 터이나, 일 없는 사람이 주부(州府)에 출입하기도 어렵습니다. 지금 수영(水營)을 살피기 위해[35] 서천(舒川) 한산(韓山)으로 향하신다 하니 이곳으로 순임(巡臨)하시기는 날짜가 아직 먼 듯하오니 우러러 사모하는 마음 그지없습니다.

謝方伯書

傃慕方切, 伏承令問, 就審巡履萬福, 感慰百分. 姪福過灾生, 自退畎畂, 分也. 初欲棲托湖南, 而南亦無尺地可依, 結城海曲, 曾有一奴等是無田. 姑取便近, 決意投身, 土屋不能容膝, 天氣稍熱, 如入烘窯, 日夕地坐, 已得脚澁, 加以素乏資産, 粥漿不繼, 縣無留庫, 公糴亦不得受, 束手難措, 坐待餓斃, 今發輪送之示, 一沃涸轍, 感幸則深, 無乃更惹口舌耶! 悚怕. 然救死實大, 伏俟輪到, 更修謝狀. 鹽斗雖切於菜食, 亦無從可求, 伏想營儲有裕, 或可蒙濟耶? 陋止正是海岸, 地勢奇勝, 潮泊窓前, 松林覆屋, 無沮洳卑濕之患, 欲因安泊以爲終老之所, 時無二頃, 不敢自必爾. 此地距洪州三十里, 早晩或得一謁, 第以罷散之人, 出入州府爲難耳. 卽今, 弭節水營, 將轉向舒·韓云, 巡臨近地, 爲日尙遠, 瞻慕瞻慕.

---

35) 미절(弭節): 고급 관리가 외지에 가서 공무를 시행.

표 · 시를 부록하다

살피건대 여러 선생의 문집 중에 비록 과체시(科體詩)를 올리기는 하였으나 많지는 않다. 공이 음영하신 시율(詩律)이 임진 · 계사년의 병란에 모두 없어져버리고 남은 것이 얼마 되지 않으며 시사(詩詞) 약간 편만 있다. 지금 수백 년 뒤에 공의 문집을 간행하려 하니 불에 타고 남은 사율(詞律)로는 책으로 엮기에 부족하나, 다행히 과체시(科體詩)가 보존되어 왔으므로 줄일 수 없어 있는 그대로 삼가 수록하는 바이다.

附 表詩

謹按, 諸先生集中, 雖載科體, 不至夥數, 而公之吟詠, 盡逸於壬 · 癸之兵燹, 見存無幾, 只有若干詩篇. 今刊公集於數百年之後, 則火餘詞律不足以成編, 而其何幸餘存者科體, 則不敢刪略, 故依所存謹錄焉.

표 [이 표문(表文)은 공이 과거에 급제할 때 지은 것이다.]

表 [此表 則公之登第時作]

강주자사 주술(周述)36)이 구경(九經)37)을 백록동 학도에게 주기를 청하는 표

江州刺使周述請以九經賜白鹿洞學徒

천하가 문명의 치화(治化)를 입음에 호학(好學)하는 무리들이 울연(蔚然)히 일고 있습니다. 편벽된 지방에 경적(經籍)의 온전한 것이 희소하니 어찌 서책을 보내라는 명령을 내리지 않습니까? 이에 권장하는 길을 펴서 보필할 총명들을 기르기 바랍니다. 임금께서는 인(仁)·서(恕)로 나라를 지키고 일을 성취하였으며 공손하고 검소하면서 선비들을 좋아하였습니다. 어려서 진저(晉邸)38)에 있을 때에 덕행을 길러서 인을 쌓으니 천명이 다시 새롭고 현관(賢關)에 행행(幸行)함에 경적(經籍)이 있으니 유학을 숭상하는 아름다운 소문이 높았습니다.

무릇 인재를 기르는 길은 고무시키는 방편을 다해야 하는 것

---

36) 주술(周述) : 송나라 사람. 태평 2년에 강주지사(江州知事)가 되어 백록동(白鹿洞) 학도 수천 명에게 구경(九經)을 주어 학업을 익히게 할 것을 청함에 국자감에 조서를 내려 전해주도록 하였다. 『事文類聚』 續集 居處部 天下四書院.

37) 구경(九經) : 유학에서의 경전(經典) 분류법. 당(唐)나라 때 비롯되었다. 『구경고(九經庫)』를 쓴 곡야율(谷耶律)은 『易』·『書』·『詩』·『禮』·『樂』·『春秋』·『論語』·『孝經』·『小學』을 구경이라고 하였다.

38) 진저(晉邸) : 송나라 진왕(晉王)의 저택. 『宋史』 太祖紀.

입니다. 하물며 여강(廬江) 백록동(白鹿洞)에 터를 마련한 것은 남당(南唐) 때에 이발(李渤)[39]이 학교를 세울 때부터입니다. 향당(鄕黨)이 같이 배우는 곳이라 여기저기에 글 읽는 소리가 지금까지 이르고 도를 구하는 천백 인이 모였으니 품위 있는 의관들도 여기 있습니다. 오직 힘써 배우고 모두가 부지런하니 학문을 널리 닦아 많이 듣고 의심을 없애는 데 어찌 하겠습니까? 오직 구경(九經)은 전대 성인이 남기신 훈계니 구도(求道)하는 사람들이 이것을 못 보면 도에 들어갈 수 없기에 만고에 제시하여 후학들의 지침으로 하였으니 몸을 닦으려는 자 이것을 버리면 어찌 하겠습니까?

선을 감흥시키고 악을 징계하니 삼백편 『시경』의 뜻은 사(邪)가 없고, 중정의 도를 세우고 중(中)을 잡으라 하니 『서경』 오십 편에서 상고할 수 있습니다. 예악은 화기와 질서를 찬연히 유지하고, 『춘추』는 근엄하여 '필즉필 삭즉삭(筆則筆 削則削)' 하는 대의가 늠연합니다. 『논어』는 성학(聖學)을 개시(開示)하였고 『맹자』는 이단을 배제하였습니다. 효는 백행(百行)의 근원이라 이것이 사람 되는 기초라 할 수 있고, 『주역』은 사성(四聖)[40]들의 오묘한 학술이라 어찌 성취하는 계제(階梯)가 아니겠습니까? 문(文)이 여기 있지 않습니까? 소자도 여기에 의하여

---

39) 이발(李渤) : 당나라 낙양 사람. 자는 준지(濬之). 호는 소실산인(少室山人). 덕종 때 형 섭(涉)과 함께 여산에서 서당을 짓고 책을 읽었는데 항상 백록이 따라다녀 백록동이라고 이름을 지었다. 그 뒤에 황폐하였더니 송나라 때에 주자가 남강군(南康郡)의 지사가 되어 이곳을 방문하여 황폐함을 보고 다시 보수하고 학규를 만들어 학문을 강하게 하였다. 『宋史』 道學 二 朱熹.

40) 중국에서 복희씨 · 문왕 · 주공 · 공자의 네 성인을 이르는 말.

성취하였고 도가 장차 행하여 큰 교화가 무궁하게 이루어질 것입니다.

바라옵건대 하서(夏書) 대우모(大禹謨)에서 문교(文教)를 펴기를 본받아[41] 옳다고 하신 말씀을 내리소서. 당나라 때 서적을 하사하던 것을 따라 후손을 착하게 가르치는 정책[式穀][42]을 널리 펴옵소서. 어리석은 사람이 밝아지고 부드러운 자가 강해지면 사람마다 이 길을 따를 것이요, 어린 것을 깨우치고 막힌 것을 열어주면 누가 유학을 흥기하지 않겠습니까? 마땅히 힘써 일신을 보존하고 한 지방을 정성껏 지킨다면 온 고을에 글 읽는 소리가 자유(子游)가 다스리던 무성(武城)의 현송(絃誦)에는 따라가지 못하나[43] 양리(良吏)와 함께 다스림에 문옹(文翁)이 촉주(蜀州)를 교화시킨 데에는 거의 따라갈 수 있을 것입니다.[44]

---

41) 문교(文教)를 펴기를 본받아 : 하서 대우모의 첫 머리에 우왕은 "문교를 사해에 폈다"고 말하였다. 이하 말이 계속 이어지고 다시 우왕은 좋은 말에 절을 하면서 옳다고 하였다. 여기서는 문교의 정책을 펴는 것이 옳다는 말이다. 『書經』 大禹謨, "日文命 敷于四海 祗承于帝". 皐陶謨, "禹拜昌言日兪".

42) 후손에게 착하게 가르치는 정책[式穀] : '穀'자는 '善'의 뜻. '式穀'은 아들을 바른 도리로 가르쳐 착한 일을 하게 하는 일. 『詩經』 小雅 小宛. "教誨爾子 式穀似之".

43) 자유(子游)가 다스리던 武城의 현송(絃誦)에는 따라가지 못하나 : 자유(子游)가 무성(武城)의 수령이 되어 읍 사람들에게 예악을 가르쳤는데 마침 공자가 이 고을에 와서 현가(弦歌)의 소리를 듣고 빙그레 웃으면서 말씀하기를, "닭을 잡는데 어찌 소 잡는 칼을 사용하느냐?" 하였다. 자유가 답하기를, "저는 선생님에게 들으니 '군자가 도를 배우면 사람을 사랑하고 소인이 도를 배우면 부리기가 쉽다'고 하였습니다." 공자는 말씀하기를, "제자들아 자유의 말이 옳다. 내가 앞에 한 말은 장난삼아 한 말이다."라고 하였다. 여기서는 주술이 다스리는 고을이 비록 자유가 다스린 무성만은 못하지만 이라는 말이다. 『論語』 陽貨.

天下被文明之化, 蔚興好學之徒, 偏方少經籍之全, 盍降賜書之命? 肆陳勸迪之道, 冀達輔翼之聰, 欽仁恕守成, 恭儉下士. 潛晉邸而養德, 累仁之天命方新, 幸賢關而橫經, 崇儒之令聞不已. 凡在作成之道, 咸盡鼓舞之方, 矧廬江 鹿洞之肇基, 自南唐李渤之爲塾. 爲鄉黨共學之所, 洋洋絃誦之至今, 集千百就道之流, 濟濟衣冠之在此, 維力學之孔勤, 奈博文之多闕. 惟九經乃前聖之遺訓, 求道者非此莫由, 揭萬古爲後學之指南, 修身者捨此何以? 感善懲惡, 三百之旨無邪; 建極執中, 五十之篇可攷, 禮樂有敎, 和序之用燦然,『春秋』謹嚴, 筆削之義凜若, 魯論開示聖學, 鄒書務去異端, 孝爲百行之源, 玆皆做人之杯棬, 易乃四聖之奧, 孰非作成之階梯? 文不在玆乎? 小子由是有造, 道之將行也, 大化致乎無窮. 望體敷文於夏謨, 特降曰俞之旨. 稽賜籍於唐史, 丕闡式穀之猷, 則愚者明柔者强, 人皆果能此道, 擊其蒙開其蔽, 孰不興起斯文? 當勉保一身, 恪守百里, 闔郡絃誦, 縱有愧於武城之割鷄, 共理循良, 庶幾追文翁之化蜀.

---

44) 문옹(文翁)이 촉주(蜀州)를 교화시킨 데 거의 따라갈 것입니다 : 문옹(文翁)은 한나라 여강(廬江) 사람. 경제 때 촉군태수(蜀郡太守)가 되어 성도에 학관을 설치하고 입학한 사람에게는 부역을 면제하였으며 성적이 우수한 사람에게는 군현의 관리로 등용하여 문풍이 크게 떨쳤다.『漢書』 八十九 循吏傳.

낭군이 봉후(封侯)를 바라는 것을 후회하다
悔教夫壻覓封侯

은 병풍 비단 휘장에 새벽잠도 멀어지니
수탄(獸炭)[45] 피운 금 화로에 규방이 깊숙하네.
동창에 해가 돋아 찬 기운 가시니
주옥으로 단장하고 취루(翠樓)에 올랐다오.
무단히 언덕 위에 버들을 바라보니
그윽한 원망이 가지런한 눈썹 위에 가만히 맺히네.
낭군은 변방으로 멀리 종군하시더니
편지 한 장 안 온 지 지금 삼년이라
낭거서(狼居胥)[46]에서 표기장군(驃騎將軍)의 공 못 세우고
베틀 위에 부질없이 비단 짜며 소낭(蘇娘)[47]처럼 근심하네.

---

45) 수탄(獸炭) : 고급스러운 숯. 진(晉)나라의 외척 양수(羊琇)는 호화 생활을 하면서 짐승 모양으로 숯을 만들어 술을 데워 마시니 다른 귀족들도 이를 본받았다고 한다. 『晉書』 外戚傳 羊琇.

46) 낭거서(狼居胥) : 몽고 경내에 있는 긍특산(肯特山). 후한의 곽거병이 이곳에서 흉노를 격파하고 봉제(封祭)를 올렸다. 『漢書』 郭去病傳.

47) 소랑(蘇娘) : 진(晉) 나라 사람 사탐(謝耽)의 처인 소자궁(蘇紫藭)을 가리킨다. 소자궁이 사탐을 몹시 사랑하였으나 가까이 있는데도 만날 수 없었다. 소자궁이 사탐에게 심부름하는 아이를 보내어 사탐이 항상 입는 속옷을 빌려오게 하여 낮에는 안에서 남몰래 입고 밤에는 안고 잤다. 사탐이 이를 알고 시를 지어 주니 사탐도 여자의 옷을 빌려 입고서 뒤에 부부가 되었다. 『釵小志』 謝娘衣.

전날 젊어서 그대를 보낼 때 생각하면
낭군은 머지않아 응당 후(侯)를 봉하리라 대하였소.
거리 가에 새집 짓고 주문(朱門)을 활짝 열어
낭군과 함께 끝없는 행복을 누리려했지
이러한 계획이 허사될 줄 누가 알았나?
세월은 멎지 않고 장강(長江)처럼 흘러가네.
봄이 차가워 칠보규문(七寶閨門)을 굳게 닫고
남쪽 언덕 꽃구경도 가지 못했지
오늘에야 높은 누대에 처음 오르니
물색은 의연하여 두 눈에 들어오네.
분명히 이것들은 가실 때 주신 건데
바람 받은 연한 녹색 가볍게 흔들리네.
봄빛은 해마다 어김없이 오건마는
낭군은 어찌하여 그리 오래 노시나요?
세월은 한번 가면 다시 오기 어렵거니
인심도 홀홀하기 물거품 같답니다.
비록 다음날 만호후(萬戶侯)를 봉한다 해도
거울 속에 꽃 같은 얼굴을 어떻게 잡아두리
청춘은 이별 속에 헛되이 보내고
두 볼에 맑은 눈물 누가 거두어주랴
처마 끝의 제비들아, 서로 부르지 마라
푸른 연못 원앙들아, 내가 새삼 부끄럽다
뜰 앞에 예쁜 풀은 다정도 하고
담 모퉁이 늙은 매화 향기도 번지네.

세월은 이러한데 내 어이 하리
항아리 술을 마셔 나의 근심 풀어볼까

銀屛羅幌曉眠迴, 獸炭金爐閨閤幽.
東窗紅日破輕寒, 朱玉粧成登翠樓.
無端觸目陌上柳, 幽怨暗結修眉頭.
良人塞上遠從軍, 魚鴈不到今三秋.
<u>狼居</u>未勒驃騎功, 錦機謾織蘇娘愁.
憶昔痴少送君時, 期君未晩應封侯.
街頭起第敞朱門, 與君共享無疆休.
那知夙計坐成空, 日月未住長江流.
春寒深鎖七寶閨, 南原花事尋無由.
高樓今日始登臨, 依然物色揩雙眸.
分明知是別時贈, 受風軟綠搖輕柔.
春光歲歲不相違, 夫壻如何長遠遊?
流年一去再難來, 人心倏忽如泡漚.
他時縱得萬戶封, 鏡裏紅顔那可留.
靑年虛負別離中, 滿頰淸淚憑誰收?
華簷燕子莫相喚, 碧沼鴛鴦余再羞.
庭前芳草亦多情, 牆角殘梅香正浮.
年光如許奈爾何? 但酌金罍寬我懷.

한단[48]의 궁인이 시양졸(厮養卒)의 아내가 되다
邯鄲宮人下嫁厮養卒婦

홍안에 검은 귀밑머리 절세의 미녀가
그 이름 한단(邯鄲)의 많은 미인을 압도하였네.
삼생(三生)에 어찌하여 운명도 기박한가?
시집이라 온 것이 말 기르는 군졸(軍卒)과 짝하였네.
조석으로 물 긷고 방아 찧는 고역 고생만 많고
가슴에 찬 원한을 뉘에게 말하리.
옛적에 젊어서 궁중에 있을 때는
아름다운 내 얼굴은 짝이 없다 자부했지
구름 같은 머리 빗고 다듬으며
거울 앞에 눈썹 그려 나비 같았소.
전각(殿閣)에 잔치 열어 밤낮의 연속이요
거문고 갖춘 못가의 놀이 가을에도 봄에도
비단 치마 옥루(玉樓)에 바람에 끌리고
능라 버선 예쁘게 구슬자리 밟았다오.
너울너울 춤출 때는 나는 기러기 같았고
주렁주렁 구슬 달고 입술도 붉었으며
옥 술잔 엎질러 울금(鬱金) 치마 버리고
분 위에 땀 흘려 향라건(香羅巾) 적시었지
궁중에서 헛되이 백년 계획 세웠더니

---

48) 한단(邯鄲) : 중국 하북성(河北省) 남부에 있는 도시. 전국시대 조(趙)나라의 도읍이다.

어찌 세상일 날로 다를 줄 알았으랴?
번화하던 세월 물 따라 흘러가고
사립문 적막하여 가시로 막혀있네
여생은 이미 몸을 애태타(哀駘駝)[49]에게 맡기니
성명은 도리어 호적에 올랐다오.
눈썹도 그리지 않고 양 볼에 붉은빛 사라지니
옥안은 천 가지 근심 속에 찡그려지기만 하네.
밤에 베 짜자니 늘 뒷집 등불 빌려오고
새벽 물 긷자니 사내의 의심 두려워라
푸른 치마 백발은 날로 늙기만 하는데
그 누가 옛날의 귀한 몸 알아주나?
산나물 먹을 때면 자타(紫駝) 고기[50] 생각나고
쑥대 자리는 비단 자리 같지 않네.
동풍 달 밝을 밤 두견 우는 봄과
우물가 오동잎에 이슬 떨어지니 밤낮으로 시름이라.
유유한 지난 일들 한숨뿐이라
붓을 휘두른들 마음만 상한다네.
생애가 이러하니 어쩌면 좋으리
고개도 들 수 없어 하늘만 불러보네.
궁문은 보이지 않고 흰 구름 가렸으니
이 몸은 가난한 남편 따라 먹으리라.

---

49) 애태타(哀駘駝) : 춘추시대 위(衛) 나라 사람. 외모는 추악하나 덕이 높아 노애공이 국정을 맡겼다. 『莊子』 德充符.

50) 자타(紫駝) 고기 : 낙타의 육봉(肉峯)으로 만든 진귀한 요리. 소식(蘇軾)의 〈送碧香酒與趙明淑〉. “不羨紫駝分御食 自遣赤脚沽村釀”.

紅顔綠鬢絶代色, 名厭邯鄲千美人.
三生其奈賦命薄? 下嫁却與厮徒親.
昏朝井臼任辛苦, 滿腔怨恨憑誰伸?
憶昔年少在宮時, 自恃佳麗無等倫.
牙梳理髮翠雲整, 鸞鏡畵眉蛾黛均.
樽罍殿閣日連夜, 絃管池臺秋復春.
錦裾撓曳玉樓風, 羅襪穩踏瓊筵盡.
翩翩垂手學輕鴻, 纍纍珠貫生丹脣.
瓊盃翻汚鬱金裙, 粉汗輕濕香羅巾.
宮中虛作百年計, 豈念世事朝朝新?
繁華盡逐水東流, 蓬門寂寞關荊榛.
餘生已付哀駘駝, 名字還爲編戶民.
長眉消黛臉消紅, 玉顔并帶千愁嚬.
夜織常借壁後燈, 曉汲每懼狂夫嗔.
靑裙白髮日衰謝, 誰識舊時珠翠身.
山蔬每憶紫駝美, 蓬席不似雲錦茵.
東風明月杜宇春, 白露井梧愁夜晨.
悠悠往事入長吁, 玉筯揮盡空傷神.
生涯如許可奈何? 擡頭無路呼蒼旻.
宮門望斷白雲深, 將身且食夫家貧.

비파 타는 여자를 대신하여 강주 사마(司馬)에게 답하다

代琵琶女答江州司馬

심양강(潯陽江)[51]가에 가을이 저무니
갈대 꽃 이슬 맺혀 바람도 소슬하네.
강은 비고 고요한 밤 달은 낮같은데
옛 생각에 잠 못 이뤄 주루(舟樓)에 의지하네.
덧없이 지난 일들 가슴에 느껴
한 곡조 비파에다 근심을 쏟았네.
곡조를 다듬을 제 좋은 손님 만날 줄 어찌 알았으리
채주(綵舟)를 같이 타고 중류에 떠 놀았네.
맑은 곡조로 환락을 도울 적에
좌중의 특별한 뜻 어찌 그리 유유한가.
음률을 알아 군자께서 스스로 알아주시니
원한의 눈물 참지 못해 두 눈에 어립니다.
전날의 심사를 감히 숨기다가
옷깃을 여미고 말씀하려니 부끄럽기만 하네.
첩의 나이 열셋에 비파를 배워
조그만 기술이나 따라올 자 없었습니다.
화장하고 패물로 모양을 꾸미면
교방(敎坊)의 삼천 명이 누가 감히 비길 수 있나?

---

51) 심양강(潯陽江) : 양쯔강(揚子江)의 한 지류. 장시성(江西省) 북부 구강(九江)의 부근을 흐른다.

아름다운 향기 울금(鬱金) 치마에 풍기고
춤추고 나면 패옥(佩玉)은 낭랑한 소리로 우네.
청루(青樓)에서 날 저물어 높은 연회에 취하면
공자왕손(公子王孫)들 다투어 돈을 던졌다오.
번화하고 즐겁던 일 얼마 되지 않아서
빠른 세월 덧없이 봄 지나고 가을이라
몰락한 나머지 장사치의 아내가 되니
일생의 신세 조각배에 의지했네.
옛 고향 하마릉(蝦蟆陵)[52] 아래 살던 집 있어
밤마다 꿈속에서 넋만이 놉니다.
풍류의 구습(舊習)을 누가 있어 알리요
겨우 장사꾼 따라 부평처럼 지냅니다.
시름이 깊어오면 슬픈 줄을 만지며
뱃집에서 몇 번이나 머뭇거렸나?
왕소군(王昭君)[53]이 옛날 호지(胡地)로 시집가니
한나라 궁[紫臺][54]에서 아득한 하늘가이라.

---

52) 하마릉(蝦蟆陵) : 섬서성 장안현의 남쪽에 있는 땅 이름. 당나라 때 기루와 주점이 밀집하였던 곳이다. 백낙천(白樂天)의 〈비파행(琵琶行)〉.

53) 왕소군(王昭君) : 한나라 때의 궁녀. 일명 왕장(王嬙). 원제는 후궁이 많아 다 만나 볼 기회가 없어 화공에게 얼굴을 그리게 하여 골라 만나보았는데 궁녀들이 화공에게 뇌물을 바쳐 황제를 보았다. 왕소군은 자기의 미색만 믿고 바치지 않아 탈락되었다. 흉노 왕 호한야선우가 궁에 들어와 미녀를 구함에 왕소군이 선발되어 가게 되어 말에 오르니 절세의 미인이었다. 원제는 할 수 없이 왕소군을 보내고 화공을 참하였다. 『前漢書』 九十四 下.

54) 한 나라 궁[紫臺] : 자대는 천자가 사는 궁전. 두보의 〈영회고적(詠懷古蹟)〉. "一去紫臺連朔漠".

수심과 애원을 이 곡에 부쳐서
묘한 악보만 인간에 전해온다네.
처음 배운 그 때는 기쁜 정도 많아서
날마다 노는 무대에서 타기를 쉬지 않았지.
근래에는 변하여 창자 끊는 소리만 나서
사람들이 한번 들으면 새 시름만 생기네.
다행히도 오늘밤에 같이 앉아서
좋은 말씀 좋은 술로 가슴이 얽히는 듯
선생은 일찍 옥당(玉堂)의 신선으로
몇 번이나 어전(御前)에서 좋은 정책 드렸지.
재주가 너무 커서 끝내 용납지 못하고
강주(江洲)의 천리로 귀양을 오셨나요?
문장은 온 세상이 태산같이 우러러 보고
짤막한 시 한 구도 모두 가지고 장식하네.
서울 살 때에 서로 보지 못하고
천애(天涯)에서 만남도 응당 인연이었으리다.
지금부터 미천한 제 이름 없어지지 않을 테니
황천에 가 뼈가 삭아도 은혜 갚지 못하리다.
주시는 시 한 수 비단과 띠 같으니
정을 써서 후하게 구슬로 갚으리다.

潯陽江畔秋正晚, 荻花風露寒颼颼.
江空夜靜月如晝, 永懷不寐憑梔樓.
居然往事感中情, 一曲琵琶聊寫憂.

那知理調遇佳賓? 綵舟添得同中流.
妄將淸弄助淸歡, 坐中別意何悠悠?
知音已荷君子聽, 怨淚不耐凝雙眸.
從前心事敢自隱, 斂衽欲說還增羞.
妾年十三學琵琶, 薄技妄擬無人儔.
鉛華珠翠幻陋質, 教坊三千誰比侔?
美香芬馥鬱金裙, 舞罷玉佩鳴琅璆.
靑樓日暮高宴醉, 王孫公子爭纏頭.
繁華樂事未云幾, 倏忽光陰春復秋.
飄零竟作商家婦, 一生身世依扁舟.
蝦蟆陵下故居在, 夜夜空憑魂夢遊.
風流舊習有誰知? 只隨商販長萍浮.
愁來每自撫哀絃, 船閣幾多空夷猶?
昭君昔日嫁胡地, 迢遞紫臺天一陬.
淸愁哀怨寄此曲, 妙譜却向人間留.
憶昔初學爲歡情, 歌臺日日彈不休.
邇來翻作斷腸聲, 使人一聽添新愁.
何幸今宵坐整席, 淸談美酒惆綢繆.
先生曾是玉堂仙, 幾從金陛呈嘉猷.
終然才大不自容, 謫宦千里來江洲?
文章一世仰太山, 尺句短詠皆藏收.
帝京當日未曾見, 邂逅天涯應有由.
從今賤名托不朽, 骨消黃壤恩難酬.
孱詩一首類縞帶, 抒情且報瓊琚投.

하루에 장안(長安)의 꽃을 다 보다 一日看盡長安花

때는 좋아 삼월이라 갠 날씨에
비단 같은 동산에 봄도 한창이라
어찌된 높은 흥이 서로 이끌려
하루에 서울 꽃을 다 보려는가?
달 속의 계수나무 제일지(第一枝)를 꺾어서
바람 타고 하늘 길에 봉새가 처음 날았네.
전하의 새 은혜를 옥계(玉階) 앞에 절하니
기쁜 마음 뜬 기분 눈썹 가에 생기네.
한없는 경관이 시계(視界)에 들어오니
후정(後庭)의 꽃 그림자 천관(千官)에 따라가네.
천가(千家)의 정원이 상원(上苑)에 연접하니
화창한 날씨에 짙은 그늘 봄은 일반이라
나란히 말을 타고 궁문 밖에 나서니
흥겨워 우는 말은 낭군의 환심을 돋우네.
나부끼는 어사화 옥을 다듬은 듯 급히 나는 듯하니
장안의 물화(物華)를 마음껏 볼 수 있다
구가(九街)의 연경(煙景)은 실 같은 버들이 춤추고
십리의 풍광은 꽃이 덩어리를 이루네.
관복은 찬란하고 햇빛도 선명한데
하사한 술 얼굴에 올라 주사[渥丹][55]와도 같네.

---

55) 주사[渥丹] : 악단은 주사(朱砂)의 다른 이름. 곧 얼굴이 불그스름하면서 윤기가 남을 이르는 말이다.

흔들리는 일산 스스로 나부끼니
떼 지은 아이들 즐거워 시끄럽다.
늙은이 젊은이가 서로 보려고 담같이 둘러서니
막히고 넘쳐서 통한 거리도 넓지 않네.
좁은 길 누대에는 노래 소리 한창이요
수정렴 걷어 올려 조각한 난간은 한가롭네.
다소간의 밝은 눈동자 봄을 아끼는 사람들은
푸른 사창(紗窓) 열어놓음에 푸른 숲에 찬 기운 도네.
봄을 자랑하는 경물이 모두가 어여뻐서
꽃송이도 흥 속에 보는 것이 더욱 좋구나.
알록달록 높고 낮은 곳 서로 비추니
노란 벌 흰나비도 금 안장 따라오네.
머리 위의 어사화는 왕의 은택이 새로운데
바람을 따라서 관을 다시 정돈했네.
온 숲의 꽃이 어찌 두 송이[어사화]의 영광만할까?
흐뭇한 향기는 감히 천향(天香)에 비길 수 있네
봄빛은 장안의 봄만 화창할 뿐 아니라
눈 덮인 곡강[56] 온 나무에도 모여 있네.
기쁘게도 사람과 만물이 다 뜻을 얻어
봄과 은총 모두 다하지 않았네.
큰 영광 감회를 이루어 기쁨 넘칠 때
원컨대 한평생 나의 정성 다하리라.

---

56) 곡강(曲江) : 당 나라 때 중국 장안성 동남쪽에 위치한 황하로 흘러가는 지류강(枝流江)으로 경관이 뛰어난 강이다.

良辰三月霽景遲, 錦繡園林春未殘.
緣何高興好相牽, 看花一日窮長安?
蟾宮攀折第一枝, 積風天路鵬初搏.
新恩拜罷玉階前, 歡心喜氣生眉端.
無邊光景入顧眄, 掖庭花影隨千官.
千家園接上苑長, 麗日濃陰春一般.
如鴻細馬禁門外, 驕嘶似侑郎君歡.
雙翻削玉疾如飛, 滿城物華輪縱觀.
九街煙景柳弄絲, 十里風光花作團.
官袍燦爛日色鮮, 賜醞入顏如渥丹.
搖搖雙盖自飄翻, 丫童百隊紛華讙.
爭觀老穉似堵牆, 填溢未覺通衢寬.
樓臺夾路沸歌吹, 水晶簾捲閑雕欄.
明眸多少惱春人, 碧紗窓開青鎖寒.
嬌春景物總可愛, 花蘂偏宜乘興看.
紅紅白白互低仰, 黃蜂粉蝶追金鞍.
宮花頭上雨露新, 一任風吹慵整冠.
千林爭似兩朵榮, 繁香敢與天香干.
韶光不獨帝城春, 雪厭曲江千樹攢.
欣欣人物各得意, 春與恩光俱未闌.
優榮翻感樂極時, 願言終始微誠殫.

한림 이백(李白)과 함께 의춘원(宜春苑)[57]에서 황제를 시종하다
同李翰林白侍從宜春苑

상서의 햇볕 오르자 나라의 후원 개이니
한 떨기 상서로운 구름 하늘의 옥경(玉京)이 나타나네.
붉고 누런 높은 전각 봉래산에 내려온 듯
선인의 풍모는 아득하고 퉁소 소리만 전해오네.
푸른 휘장 걷으니 비단 자리는 넓고
관료들 나누어 고니처럼 섬에 모두 호걸과 영웅일세.
재주 없는 내가 농서(隴西)사람[58]과 어깨 같이함이 부끄러운데
이날 지척에서 은혜와 영광을 같이하였네.
제왕의 은혜는 바다에서 많은 신하가 목욕하는 것과 같으니
인심(仁心)을 폄에 외로운 자에게만 먼저 하지 않으셨네.
황제의 덕은 칭송하기 어려워 강구(康衢)의 노래[59]에 부치니
더없는 지극한 치적은 태평뿐일세.
만사 다 살피며 고상한 놀이 즐기니

---

57) 의춘원(宜春苑) : 장안의 남쪽에 있는 궁원. 당 태종의 〈登三臺言志〉. "鏡池波太液 莊苑麗宜春".

58) 농서(隴西) 사람 : 이태백을 이르는 말. 태백의 선조가 농서에서 살았기 때문에 본관으로 하였다. 이백의 〈贈張相鎬〉 下. "家本隴西人 先爲漢邊將".

59) 강구(康衢)의 노래 : 요임금 때 요임금의 덕에 천하가 잘 다스려짐을 노래한 동요. 요임금이 평상복으로 강구라는 곳을 지나다가 동요를 들으니 이러하였다. "우리의 많은 백성을 각각 자기 위치에 세운 것은 제왕의 덕 아님이 없다. 나는 아는 바도 없고 오직 제왕의 법에 따르리라 하였다". 『列子』 仲尼.

궁원(宮苑)의 맑은 바람에 고운 깃발 날리네.
궁화는 고운 빛 자랑하여 선장(仙仗)[60]과 어울리고
궁수(宮樹)의 천만 가지 환영하는 듯
황금 술잔에 백옥의 쌀로 빚은 술 넘치니
법부(法部)에서는 곡진하게 새로운 사곡(詞曲) 살펴보네.
수정의 소반에 흰 생선회 보내오고
유리 쟁반에는 타봉(駝峯)[61]의 국을 올리네.
물시계 시간이 더디니 대낮의 해는 길고
천 그루의 푸른 나무 새 그늘이 맑구나.
끝없는 삼라만상은 모두 봄빛인데
가지 위의 금빛 꾀꼬리 가장 사랑홉네.
꾀꼴꾀꼴 울면서 봄빛 즐기니
부드러운 혀를 놀려 황제의 마음 즐겁게 하네.
황제의 마음 기뻐하며 태극전에 와 앉아
천백 가지 노래 속에 술잔 자주 기울이네.
기쁜 마음 좋은 경관 져버리기 어려워
난간에 기대어 새 시를 지어 쓰게 하네.
높은 재주는 적선(謫仙)[62]의 솜씨도 있지만
조서 줌에 신은 지금 마경(馬卿)[63]만 못한 것이 부끄럽습니다.

---

60) 선장(仙仗) : 천자의 의장. 잠삼(岑參)의 〈和賈至舍人早朝大明宮〉. "玉階仙仗擁千官".
61) 타봉(駝峯) : 낙타의 등 위에 불룩 솟은 육봉(肉峯)을 가리키는데, 옛날에 매우 진귀한 식품으로 여겼다고 한다.
62) 적선(謫仙) : 이백을 말한다.
63) 마경(馬卿) : 한나라 때 사마상여(司馬相如)의 별칭. 그는 사부(辭賦)에 능하여 문학과 해학으로 황제를 간하였다. 『史記』 百十七.

부질없이 나라에 보답하려는 반평생의 마음을 가지고
잘못 황제의 눈에 감사한 은혜를 받았네.
황제의 은혜 짙은 곳에 황제의 얼굴 가까이 하니
외롭고 한빈(寒貧)한 나를 보고 도리어 놀라시네.
어주를 자주 마셔 취하여 쓰러지려 하니
뼈와 살에 술기운 배어 있는 정성을 더하였네.
천신의 재주는 우(竽)를 부는 사람[64] 같아
십년 동안 녹만 먹으면서 신선 사는 세계에 갔습니다.
황제의 직무에 한 글자도 도울만한 것이 없음에
다만 세월이 자꾸만 흐르는 것이 두렵습니다.
조정의 신하로 오늘의 총애가 특별함에
감격의 마음 기쁜 마음과 함께 아울렀습니다.
은혜에 보답할 방법이 없이 다만 망연히 서 있음에
귀에 가득한 음악 소리 절로 들려오네.
내일 아침에 궐문 밖에서 다시 손잡고 만나면
한결같이 꿈속에서 화성(化城)[65]에 논 듯할 것입니다.

瑞旭初昇別苑晴, 一朶祥雲開玉京.
赭黃高拱下<u>蓬山</u>, 仙風縹緲傳簫笙.

---

64) 우(竽)를 부는 사람 : 능력도 없이 숫자만 채우는 사람. 제선왕이 우(竽)라는 피리의 연주를 좋아하여 삼백 명이 합주하게 하였다. 남곽처사란 자가 우를 잘 분다고 자칭하니 선왕은 수백 명의 봉급을 주었다. 선왕이 죽고 아들 민왕(湣王)이 서자 한 사람씩 불게 하니 남곽처사는 도망치고 말았다. 『韓非子』 內儲說 上.

65) 화성(化城) : 환상의 세계. 장중심(張仲深)의 〈送仝上人〉. "自知浮世一化城". 라고 하였다.

翠幄褰來敞錦筵, 分行鵠立皆豪英.
非才愧並隴西肩, 咫尺此日同恩榮.
恩波如海沐群臣, 推仁不獨先孤煢.
難名帝德屬康衢, 無像至治惟太平.
淸遊多暇萬機餘, 禁林爽籟飄霓旌.
宮花爭媚雜仙仗, 千枝萬枝如歡迎.
黃金盃瀲白玉醞, 法部曲按新詞聲.
水精盤送素鱗膾, 琉璃椀薦駝峯羹.
銀箭稀傳化日永, 千章綠樹新陰淸.
無邊物色摠春光, 最愛金衣枝上鶯.
綿綿蠻蠻儘自在, 饒舌似解娛宸情.
宸情怡悅坐來極, 百囀聲中觴屢傾.
淸歡勝賞兩難孤, 憑仗新詩聊寫成.
高才剩有謫仙手, 授簡臣今慙馬卿.
空將報國半生心, 誤收感荷重瞳明.
天恩濃處近天顔, 却顧孤寒還自驚.
御醞頻宣醉欲倒, 浹骨薰肌增寸誠.
微臣才藝類吹竽, 竊祿十載躋蓬瀛.
袞職曾無一字補, 但恐歲月流崢嶸.
筵臣今日寵渥殊, 感激自與歡心並.
酬恩無術只茫然, 滿耳絲竹徒轟轟.
明朝握手殿門外, 一向夢中遊化城.

인덕전에서 이시중(李侍中)[66]에게 잔치를 베풀다
麟德殿賜宴李侍中

금전(金殿)은 맑게 개여 오색구름 감도는데
아로새긴 대마루 아득히 반공에 나는 듯
멀리 들리는 선악(仙樂)은 구천(九天)에 은은하고
푸른 장막 높이 올리니 신하들이 늘어섰네.
이 자리에 감개하여 절하는 자 누구인가
회서(淮西)에 공이 높은 새로운 시중이라
곤룡포 금포(錦袍) 빛나는 속에
지척에서 황제를 모시고 은총도 융성하네.
명광전(明光殿)에서 전날에 반란을 토벌하라는 명을 받고
충무군(忠武軍) 중의 총융사로 올랐지
손에는 석 자의 용천검(龍泉劍)을 잡고
어깨에는 천근의 백죽궁(白竹弓)을 메었네.
천리를 몰아갈 때 누가 감히 막으리
장한 기운은 바로 화산 숭산도 꺾으리라.
탄환처럼 회채(淮蔡)[67]로 달려가 한 발길에 거꾸러트리니
오가(吳家) 아이들 놀라서 간담이 떨어졌네.
웅도(雄圖)를 펴보고 천자의 위력을 떨치니

---

66) 이시중(李侍中)은 당나라 숙종 때 절도사를 지낸 이광필(李光弼)이다. 안사(安史)의 반란을 평정하고 돌아오니 숙종은 인덕전(麟德殿)에서 승전의 잔치를 베풀고 환영하였다. 뒤에 임회군왕(臨淮郡王)에 봉해졌다.

67) 회채(淮蔡) : 회중(淮中)과 채주(蔡州). 회채는 본래 당나라 때 오원제(吳元濟)가 반란을 일으킨 곳. 여기에 인용함은 미상이다.

이야기하고 웃는 가운데 전에 없는 공을 세웠네.
돌아와 옥계 앞에서 개선(凱旋)을 아뢰니
황제의 기쁜 기색 눈동자에 떠오르네.
회중(淮中)의 형세를 조용히 아뢰니
자리 앞에 일일이 천자의 귀를 기울이게 하네.
은쟁반에 자주 어주(御廚)의 찬을 내오고
주시는 술 뼈에 스며 봄기운 융융하네.
창고를 열고 특수한 공을 표창하니
비단과 금옥이 산처럼 쌓이네.
회(淮)를 정벌한 남은 용기로 공을 치니
은혜에 젖은 팔 척의 몸이 기러기처럼 빠르네.
말의 배로 한 번 돌아 팔을 휘두르니
보장(寶帳)이 휘날리며 장풍(長風)이 이는구나.
신주(神珠)[68]가 빠른 곳에 벽력도 놀라고
채색 문 비껴 여니 번개가 통하는 듯
삼천 궁녀들은 주렴을 걷고
어깨를 부비며 바라보니 분칠한 얼굴 땀에 젖네.
천자도 웃음을 띠고 피로를 잊고 보니
해 지는 하늘에 구름이 몽롱하네.
영웅호걸의 그 용기 세상에 또 없으니
운장(雲長)·맹덕(孟德)을 누가 영웅이라 할 수 있나?
사해에 많은 글들 같지 않지만

---

68) 신주(神珠): 당나라 때 공차기 놀이에 쓰이던 가죽 공을 이르는 말. 〈國秀集序〉.

이시중(李侍中)의 좋은 용맹 유종의 미가 있네.
하북(河北)을 몰아쳐서 요기를 소탕하고
거룩한 공을 선양하여 무궁하게 전하였네.

金殿晴開五雲裏, 縹緲雕甍飛半空.
遙聞仙樂隱九天, 翠幕高捲羅臣工.
當筵感慨拜者誰? 功冠淮西新侍中.
袞衣袍襯錦袍光, 咫尺天顔恩眷隆.
明光昔奉伐叛命, 忠武軍中陞総戎.
手提龍泉三尺劍, 臂掛白竹千鈞弓.
長驅千里孰敢遏? 壯氣直欲摧華·嵩.
彈丸淮·蔡一蹴倒, 驚膽已落吳家童.
雄圖展處逞天威, 談笑建得無前功.
歸來奏凱玉階前, 聖皇喜色浮重瞳.
淮中形勢入召對, 前席一一傾天聽.
銀盤屢下御廚膳, 賜醞浹骨春融融.
大盈開出賞殊勳, 羅紈金璧丘山同.
征淮餘勇試擊毬, 渥洼八尺驕如鴻.
翻身馬腹一揮臂, 寶帳飄忽生長風.
神珠忙處霹靂驚, 綵門斜開飛電通.
三千宮女捲珠箔, 肩摩粉汗沾徽紅.
至尊含笑爲忘倦, 半天落日雲朦朧.
英豪驍健絶世無, 雲長孟·德誰爲雄?
車書四海未全同, 侍中好勇須有終.
橫驅河北掃妖氛, 揚厲聖烈垂無窮.

손님이 온 것을 알리는 학 報客鶴

청전(靑田)[69]의 문조(文藻) 있는 자질 구고(九皐)[70]의 새인데
붉은 정수리 검은 치마 옥 같은 날개일세.
낭원(閬苑)[71]에서 날아오르니 날이 장차 밝아오고
요지에 나래를 펴니 해가 저물지 않았네.
구산(緱山)에서 자진(子晉)[72]을 태우지 않고
서호(西湖)에 임(林) 선인의 손님을 알려 주었네
임 선인은 원래 세속을 떠난 사람이라
차분한 마음씨는 남다른 정취를 좋아했네.
사는 일은 길이 수운향(水雲鄕)[73]에 부치고
높은 뜻은 어찌 육체의 노예가 될 것인가?
호수 가에 날마다 작은 배를 띄우고
풍광을 읊으면서 스스로 즐기었네.
사립문은 온종일 열지도 않고
한 돛대 강바람의 언덕에 흰 수건 날렸네.
문전에 좋은 손님 누가 알리리

---

69) 청전(靑田) : 산 이름. 이 산에서 학이 둥지를 만들고 새끼를 길러 나간다고 한다. 『永嘉記』. "靑田雙白鶴 年年生 伏子長便去".

70) 구고(九皐) : 깊은 못을 뜻하는 말. 『詩經』 小雅 鶴鳴. "鶴鳴于九皐 聲聞于野". (箋)皐 澤中水溢出所爲坎.

71) 낭원(閬苑) : 신선이 산다는 곳.

72) 자진(子晉) : 주영왕(周靈王)의 태자 진(晉). 진은 피리를 좋아하여 봉이 우는 소리를 냈다. 도사 부구공(浮丘公)과 함께 숭산에 오른 지 30 여년에 구씨산(緱氏山)에서 신선이 되어 갔다.

73) 수운향(水雲鄕) : 물이 흐르고 구름이 떠 있는 시골. 곧 은자가 사는 곳을 가리킨다.

푸른 물은 아득하고 언덕은 막혔어라
번득이는 긴 나래 어디로 향하는가?
막막한 구름 가에 자취도 없어졌네.
호수가의 닻줄 맨 곳을 찾고
날개를 기울이고 봄에 어찌 사냥꾼을 염려할까?
끼륵끼륵 길게 울고 날아갈 때
마음속에 아까울 것도 없었으리.
그로 인해 나를 좋아하는 손님이 있어
가난한 초옥(草屋)[74]을 찾아온 줄 알았네.
나는 듯이 노를 저어 다시 사립 돌아와서
반갑게 손님 맞아 자리를 베풀었네.
가난한 집 하인 이만하면 족한지라
문간에 무슨 오척의 동자 필요한가?
청조(靑鳥)[75]가 서왕모[金母][76] 소식을 전했다고 누가 말했나?
왕교(王喬)[77]의 두 오리가 나막신을 남기게 한 일 부럽지 않네
오직 목숨이 다하도록 시옹(詩翁)[78]과 짝을 지어

---

74) 초옥(草屋) : 가난한 집을 이르는 말. 곧 쑥대를 엮어 문을 가리고 서까래가 경쇠를 달아 놓은 것처럼 보이는 집을 말한다. 『國語』 魯語 上. "室如懸罄(韋昭注)懸罄 魯府藏空虛 榱梁如懸罄也".

75) 청조(靑鳥) : 서왕모에게 음식과 소식을 전해주었다는 신화 상의 새. 『漢武故事』.

76) 서왕모[金母] : 금모는 전설에 나오는 여선(女仙) 서왕모를 이르는 말. 『雲笈七籤』.

77) 왕교(王喬) : 한나라 때 섭현령(葉縣令)을 지낸 사람. 그는 신술이 있어 섭현령으로 갔어도 조회를 할 때 말이나 수레도 없이 꼭 참여하였다. 뒤에 이상하여 살펴보니 조회할 때 천둥오리 두 마리가 날아오는 것을 발견하였다. 그물로 잡고 보니 왕교의 신만 두 짝이 있었다. 『風俗通』 葉令祠.

78) 시옹(詩翁) : 임포를 지칭함.

착한 덕 오래도록 싫어하지 않으리라.
요동의 성곽을 보면 상심만 되고[79)]
위(衛)나라에서 헌(軒)을 탄들 무엇이 유익하리.[80)]
화정(華亭)의 울음소리는 육기(陸機)의 탄식을 일으키고[81)]
술자리에 학춤 파하니 천금이 쌓였다네.
어찌하여 물외(物外)의 군자에게 의탁하여
늦도록 철석같은 마음을 굳게 지녔나?
선생이 한번 감에 학도 돌아오지 않아
인간을 돌아보니 이미 예전 일이라
고산(孤山)[82)]에서 오늘의 유적을 찾으니
매화꽃 천 그루에 달은 구슬 같네.
문을 두드려도 학의 소리 들리지 않으니

---

79) 요동의 성곽을 보면 상심만 되고 : 요동 사람 정령위(丁零威)는 선술을 배워 학이 되어 죽은 지 천년 뒤에 요동성 밖 화표주(華標柱)에 날아와 앉았는데 어느 소년이 활을 들고 쏘려고 하였다. 그는 하늘로 날아가면서 이렇게 말하였다. "有鳥有鳥丁零威 去家千年今始歸 城郭如故人民非 何不學仙塚壘壘", 곧 요동의 화표주에 오래 앉아 보지도 못하고 날아감에 상심만 되었다는 말이다.

80) 위(衛)나라에서 헌(軒)을 탄들 무엇이 유익하리 : 위의공(衛懿公)은 학을 좋아하여 외출할 때는 학을 헌에 태우고 다녔다. 적인(狄人)이 위나라에 침입함에 의공은 군사를 모아 나가 싸우게 하니 군사들이 말하기를, "학이 녹위(祿位)가 있는데 학에게 싸우게 하지 우리가 왜 싸우느냐?"하였다. 곧 학이 헌을 탔다고 하여 무엇이 유익한 점이 있었는가? 하는 말이다. 『左傳』 閔公 二年.

81) 육기(陸機)의 탄식을 일으키고 : 육기는 진(晉) 나라 사람. 성도왕 영(穎)을 섬겼는데 영이 장사왕 예(乂)를 토벌하자 후장군이 되었다. 맹구(孟玖) 등이 영에게 참소하기를 육기는 다른 뜻이 있다고 하자 영이 노하여 사형에 처할 때 말하기를, "옛날 화정의 학 소리를 어떻게 다시 들을 수 있나" 하였다. 『晉書』 陸機傳.

82) 고산(孤山) : 절강성 항현(杭縣)의 서호 가운데 있다. 경관이 빼어나고 송나라의 임포(林逋)가 살던 곳이다. 『讀史方輿紀要』.

구름 사이 하늘을 바라보니 밤 구름만 푸르네.

青田藻質九皐禽, 丹頂玄裳氷玉翮.
翱翔閬苑天正曉, 刷羽瑤池日未夕.
緱山不受子晉御, 湖却報林仙客.
林仙自是絶俗人, 恬澹襟期愛幽癖.
生涯長付水雲鄕, 高志肯爲形所役?
湖中日日汎小艇, 嘯詠風光聊自適.
柴扉盡日閉不開, 一棹江風岸白幘.
門前好客孰余報? 綠水迢迢坡壠隔,
翩然長翮向何許? 漠漠雲宵渺無跡,
湖邊尋得繫纜處. 側翅肯念虞人射?
長鳴戛然故翩蹮. 臆對未能如有惜,
憑渠知有好我人, 來訪蓬蒿懸罄宅.
飄然理棹返柴門, 欣得佳賓催設席.
貧家指使此已足, 何用應門童五尺?
青鳥誰論金母信, 雙鳧不羡王喬舃.
惟憑畢命伴詩翁, 令德多年服無斁.
遼東城郭只傷心, 衛國乘軒那有益!
華亭唳起陸生歎, 酒肆舞罷千金積.
何如物外托君子, 歲晩心肝堅鐵石?
先生一去鶴不回, 俯仰人間已成昔.
孤山此日訪遺跡, 千樹梅花月如璧.
叩門不見羽衣報, 悵望雲天夜雲碧.

관운장이 군중 앞에서 안량(顔良)을 찌르는 그림에 쓰다[83]

關將軍刺顔良於萬衆圖

구름같이 모인 군사 외로운 성을 에워싸고
큰 들판 아득하게 깃발이 펄럭이네.
진 앞에 말을 달리는 자 그 누구인가?
관운장은 천하의 용장이라 다투어 말하네.
안량(顔良)은 스스로 만인적(萬人敵)을 자부하였는데
군세는 황하에 큰 둑이 터진 것 같았네.
관장군이 수염을 가다듬고 숨을 내쉬니
만 길의 무지개가 입속에서 뿜어낸다
큰 창을 휘두르니 대낮도 어두워지고
채찍 끝에 장풍 일어 백만 군사를 쓰러트리네.
하늘을 찢는 벽력은 말발굽에서 일고
땅을 뒤엎는 짙은 먼지는 척촌의 땅도 분간 못해
팔 척의 장신이 한 손 아래 거꾸러지니
삼군의 간담이 찢어져 도망치기 바쁘다
큰마음은 어찌 노만(老瞞)[84]을 위함인가?
다만 그 당시 밥 한 술 주는 은혜였지

---

83) 유비(劉備)가 조조(曹操)와 싸우다가 크게 패하여 각자 도망쳐서 유비는 원소(袁紹)의 군중에 있었고 관우(關羽)는 조조의 진중에 있었다. 조조와 원소가 대결전을 할 때 관우가 원소의 수장 안량(顔良)을 단칼에 베었다. 여기서는 관우의 초인간적 용력을 말한 것이다.

84) 노만(老瞞) : 조조를 말한다.

평생의 감격은 대이공(大耳公)[85]을 만나서
유씨(劉氏)의 천하를 정돈하자 맹세했네.
적토마 한번 시험한 것을 어찌 족히 말할까?
운을 만나지 못한 영웅 숙원을 져버렸네.
어떤 사람이 이 장한 형용을 모사하여
지사의 천년 원한 불러일으킬까?

雲屯貔貅擁孤城, 大野迷茫旗纛建.
陣前策馬是誰歟? 爭道雲長天下健.
顔良自負萬人敵, 軍勢有如河決隁.
將軍奮髯一噓氣, 萬丈虹霓口中噴.
大戟揮來白日晦, 鞭末長風偃百萬.
轟天霹靂起馬蹄, 捲地黃塵迷尺寸.
長身八尺應臂倒, 三軍膽破爭逃遁.
雄心豈是爲老瞞? 只爲當年恩一飯.
平生感遇大耳公, 赤帝乾坤期整頓.
白馬一試何足道? 運去英雄孤宿願.
何人摹取壯形儀, 喚起千年志士怨?

---

85) 대이공(大耳公) : 유비(劉備)를 말한다.

지금 악양루[86]에 오르다 今上岳陽樓

성도의 옛 초당[87] 이별하고
삼협(三峽) 속의 잔나비 우는 것도 지겨워라
호수 가에 느지막이 촉선(蜀船)에서 내리니
성곽은 백치(百雉)나 비껴있고 누대는 천 길이나 높네.
기이함은 천하의 장관이라 익히 들었고
늙고 병들어 난간에 의지하기 겁나네.
하늘은 텅 비고 물 넓어 아득히 끝이 없는데
반쪽엔 초(楚)·오(吳) 땅의 산이 연하여 있네.
바람 이는 난간 달 비추는 창문 수평선 가에 있고
그림 같은 기와 아로새긴 기둥 구름 가에 나는 듯
남은 노을은 귤 숲의 잔나비에 접근하고
어지러운 돛대는 모래 턱 새들을 놀라게 하네.
만상(萬像)을 모두 몰아 한 누대에서 보게 하니
평생의 좋은 구경 오늘에 하였네.
풍광은 나라를 버린 회포를 더욱 자아내고
누각 가에서 잠시 왕찬(王粲)의 회포[88] 풀어보네.
예전에 나귀 타고 서울에 가서

86) 악양루 : 중국(中國) 호남성(湖南省)에 있는 동정호(洞庭湖)의 동북부인 岳陽의 城樓이다. 강남 삼대 누각의 하나.

87) 옛 초당 : 두보초당.

88) 왕찬(王粲)의 회포 : 왕찬은 후한 고평(高平) 사람. 자는 중선(仲宣). 채옹이 그의 재능을 높이 평가하였고 난을 피하여 유표에게 의탁하였다. 자신의 뜻을 펴지 못하고 나라가 어지러움을 애통하면서 〈등루부(登樓賦)〉를 지어 울분을 토하였다. 『三國志』 二十一.

어전[彤墀]에서 남훈가(南薰歌)[89]를 화답하려 하였더니
오랑캐 놈들이 난을 일으켜 세상이 어려움에
조정은 힘이 없어 맑은 대기가 요기로 변하였네.
기운 나라를 이광필(李光弼)[90] · 곽자의(郭子儀)[91]의 손을 빌어 잡았으나
나는 습유(拾遺)[92]로서 단심을 다하지 못하였네.
나는 날리는 쑥털과 갈대꽃 같이 하늘가에 떨어져서
남북으로 떠다님에 나그네의 굴뚝 검을 날이 없네.
공동산(崆峒山)[93]에서 또 오랑캐의 전진(戰塵) 소식 들었더니
살기는 바로 서울로 향하여 침범한다네.
불안한 어가는 어디에 머무를까?
영문은 깊이 잠겨 찬 연기만 서리었네.
나라를 걱정하는 외로운 신하 두 줄기 눈물을
난간에 의지하여 뿌려보니 심정은 어쩔 줄 몰랐네.
평생에 직설(稷契)[94]을 본받을 뜻 이미 그르쳤으니
나라에 허락한 이 몸 쌍남금(雙南金)[95]이 부끄럽기만 하네.

---

89) 남훈가(南薰歌) : 남풍가(南風歌)를 이르는 말. 순임금이 지은 노래이다. 그 가사는 "南風之薰兮 可以解吾民之慍兮 南風之時兮 可以阜吾民之財兮"라고 하였다. 『孔子家語』 辨樂解.

90) 이광필(李光弼) : 말 타기와 활쏘기를 잘하였다. 안사의 난을 곽자의와 함께 평정하여 이곽(李郭)으로 일컬어졌다. 벼슬이 천하병마도원수에 이르렀다. 『舊唐書』 百十.

91) 곽자의(郭子儀) : 당나라의 무장. 안사(安史)의 난을 평정하고 벼슬은 중서령에 오르고 분양왕(汾陽王)에 봉해졌다. 『舊唐書』 百二十.

92) 습유(拾遺) : 두보는 좌습유(左拾遺)라는 벼슬을 지낸 적이 있다. 『舊唐書』 百九十 下.

93) 공동산(崆峒山) : 감숙성에 있는 산 이름.

94) 직과 설(稷契) : 요순시대의 현명한 신하 이름.

순임금[重華][96]을 세 번 불러도 아득히 들리지 않고
창오산[97]의 지는 해에 수운(愁雲)만 깊었어라.
황릉묘(黃陵廟)[98]에서 이비(二妃)의 울음을 생각하니
눈에 가득 흐르는 눈물 가을날도 차갑네.
동정호의 물결 멱라수(汨羅水)[99]에 닿았으니
초신(楚臣)[100]의 여한 있어 슬픈 노래만 더하네.
손으로 장사를 가리키니 천 리가 평평한데
가생[101]을 추억하니 마음에 눈물 고여
전날의 유적은 시인의 눈을 슬프게 하니
천고를 더듬어 봄에 누가 그 마음 알아주리.
머리 들어 돌아봄에 어디가 서울인가?
하늘가에 많은 산은 옥비녀 꽂은 듯

---

95) 쌍남금(雙南金) : 가격이 비싼 구리. 뒤에 황금이나 귀한 보물을 이르는 말로 쓰였다. 여기서는 녹봉을 이르는 말로 보인다. 『隨園詩話』.

96) 순임금[重華] : 중화는 순임금을 미칭으로 이르는 말. 『書經』 舜典. "曰若稽古帝舜 曰重華 協于帝".

97) 창오산 : 호남성 영원현(寧遠縣)의 남쪽에 있다. 순임금이 여기에서 죽어 묘가 있다고 하였다. 일명은 구의산(九疑山). 『史記』 五帝本紀.

98) 황릉묘(黃陵廟) : 순임금의 두 비(妃)인 아황(娥皇)과 여영(女英)을 제사지내는 사당. 호남성 상음현(湘陰縣)의 황릉산에 있다. 『水經注』 湘水.

99) 멱라수(汨羅水) : 호남성 북동쪽에 있는 강. 상강의 지류이다. 멱수와 나수가 평강현의 서쪽에서 합류하는데 초나라 굴원(屈原)이 이곳에서 몸을 던져 죽었다. 『史記』 屈原傳.

100) 초신(楚臣) : 굴원을 말한다.

101) 가생 : 가의(賈誼)를 말함. 한 나라 낙양 사람. 가태부(賈太傅) · 가장사(賈長沙)라고도 한다. 문재로 이름을 날려 약관의 나이에 박사가 되고 일년 만에 태중대부가 되었다. 시정의 폐단을 개혁할 것을 상주하였는데 주발(周勃) · 관영(灌嬰) 등의 시기로 장사왕 태부(長沙王太傅)로 좌천되었다가 양왕 태부(梁王太傅)로 복귀하였는데 불우한 신세를 비관하고 죽었다. 『史記』 八十四.

아우와 남매의 평안한 소식 듣고자 하나
기러기 그림자는 어느덧 소상강을 건너가네.
분분한 만 가지 걱정 생각할수록 극진하니
노쇠한 눈물 두 눈에 쏟아짐을 견딜 수 없네.
긴 바람 불어 열어구(列御寇)[102]의 바람 탐을 배우고 싶지만
난간에 기대서서 슬픈 회포 금할 수 없네.

成都一別舊草堂, 峽中强厭猿啼林.
湖邊晩逗下蜀船, 城橫百雉樓千尋.
奇觀飽聞天下壯, 老病還惕危欄臨.
天空水闊渺無際, 半邊楚峀連吳岑.
風軒月戶渡平波, 畵甍雕棟飛層陰.
殘霞低襯橘林猿, 亂帆驚起沙頭禽.
都輸萬像供一樓, 勝賞百年惟在今.
風光偏感去國懷, 樓角暫開王粲襟.
騎驢昔日到京華, 彤墀擬和南薰琴.
胡雛鼓亂世運艱, 日邊無力淸氛祲.
扶顚已假李·郭手, 拾遺愧未輸丹忱.
飄飄蓬梗落天涯, 南北客突何曾黔.
崆峒又聞虜塵暗, 殺氣直向王畿侵.
搖搖淸蹕復何駐? 戟門深鎖寒烟沈.
孤臣憂國數行淚, 憑欄沾灑情難任.

---

102) 열어구(列御寇) : 열자(列子)라고도 한다. 전국시대의 사상가. 그의 학문은 황제와 노자의 설에 근거하여 신선술을 좋아한 사람이다. 여기서는 작자가 두보를 대신하여 번잡한 세상을 잊고 신선이 되었으면 한다는 말이다. 『莊子』 逍遙遊. "夫列子 御風而行 泠然善也 旬有五日而後反".

平生稷·契志已乖, 許身慚愧雙南金.
重華三叫渺不聞, 蒼梧落日愁雲深.
黃陵遐想二妃泣, 滿眼玉淚秋森森.
湖波遙接汨羅水, 楚臣餘恨增悲吟.
長沙指點千里平, 追憶賈生揮涕心.
依然遺跡愴詩眸, 俯仰千古誰知音?
回頭何處是故國? 天畔群山攢玉簪.
平安欲聞弟妹信, 鴻影忽過湘江潯.
紛紛萬慮坐來極, 衰涕不耐雙淫淫.
長風吹擧列叟御, 從依欄干懷不禁.

대나무 잎으로 배를 만들다 竹葉舟

근년 이래로 중서(仲舒)[103]같이 후원에 자취를 끊고
긴 밤에 글 보느라 기름을 태웠지
기문이설(奇聞異說)은 눈앞에 모이니
얼마나 옛 생각 천추에 떠오르나?
한단에서 여동빈의 베개[104]도 이상히 여겼더니

---

103) 중서(仲舒) : 동중서(董仲舒)를 이르는 말. 한 나라 광천 사람. 경제 때 박사가 되고 문에 휘장을 치고 책을 읽으면서 3년 동안 후원을 넘겨보지 않았다. 무제 때 현량과에 합격 천인 삼책(天人三策)을 올려 강도상이 되었다. 『史記』 百二十一.

104) 여동빈의 베개 : 당 나라 때 경조(京兆) 사람. 이름은 암(嵒). 동빈은 자다. 64세에 종이권(鍾離權)에게 도술을 배웠다. 『能改齋漫錄』. 노생(盧生)이 한단의 주막에서 여동빈에게 베개를 빌려 베었더니 수십 년 동안 꿈속에서 부귀영화를 누리고 살다가 깨어보니 주인이 짓던 밥이 채 익지

대 잎에 다시 선옹(仙翁)의 배가 있네.
진경(陳卿)[105]은 본시 구속받는 재목이 아니라
재주는 스스로 공후술(公侯述)[106]에 짝한다고 하였지.
용을 잡는 큰 재주를 시험할 곳 없어서
불우하게 강호에서 놀았네.
청룡사 안 등나무 아래 머물면서
경물을 사랑하고 깊은 산을 즐겼지
누가 벽 위에 세계의 지도를 그렸는가?
털끝의 지척에 구주(九州)를 나누었네.
강남 어느 곳이 나의 고향인가
옛 동산은 아득한데 내 낀 나무 조밀하네.
멀고 먼 맑은 위수(渭水)는 황하에 닿았는데
가고 싶은 흥치는 들떠 있어 거두기 어려워라.
어떠한 방법으로 그림 속의 사람 되어
조각배를 타고 은거할 곳[菟裘[107]]을 찾을까.
종남산인은 하늘에서 내려온 신선이라
도를 닦고 세상을 살면서 세상을 하루살이 같이 보았지.
웃으면서 댓잎을 그림 위에 붙이니
묘한 재주 누가 천기를 훔친 줄 알았으리!
잠깐 사이에 환상의 술법으로 배 한 척을 만들어 내니

도 않았다고 한다. 〈枕中記〉.

105) 진경(陳卿) : 진계경(陳季卿)을 이르는 말. 행적은 미상.

106) 공후술(公侯述) : 미상.

107) 은거할 곳[菟裘] : 토구는 늙어 벼슬을 내놓고 은거할 곳을 이르는 말. 『左傳』 隱公 十一年.

차가운 파도 푸른 물결 돈치도 흐릿하네.

황홀한 이내 몸이 무하향(無何鄕[108])에 들어가니

나부끼는 한 돛대 중류로 흘러가네.

외로운 돛대는 장한(張翰)[109]이 동오(東吳)로 가는 것 같고

홀가분하기는 도잠(陶潛)[110]이 옛집으로 돌아오는 것 같네

늙은 아내 어린 아들이 병이 없음을 위로하고

닭 잡고 기장밥으로 몇 날을 즐겼네.

청룡사 좋은 곳에 놀던 때 생각나서

푸른 강 만 여리에 자주 머리를 돌렸네.

짧은 돛대로 다시 오던 길 찾아가니

돛대 위에 바람도 순풍이 불어주네.

어느덧 홀연히 깨는 듯 몸을 일으키니

벽 위의 그림에 도리어 시름이 생기네.

선인은 여전히 갈옷 입고 앉아 있어

감나무 숲에 지는 해 누각을 비추네.

꿈같으나 꿈은 아니요 취한 듯하나 취한 것도 아닌데

이 이치를 말하려하나 말할 수도 없어

아! 나도 젊어서 시골에 뜻이 있었으나

---

108) 무하향(無何鄕) : 세속의 번잡함이 없는 허무자연의 낙원. 『莊子』 逍遙遊.

109) 장한(張翰) : 진(晉) 나라 사람. 그가 낙양에서 벼슬살이 하다가 가을바람이 일어나는 것을 보고 고향인 오중(吳中)의 순채국과 농어회가 간절하게 생각났다. 그는 '인생은 자기 뜻에 맞게 사는 것이 중하다'고 말하면서 당장에 벼슬을 버리고 고향으로 돌아갔다. 『晉書』 九十二.

110) 도잠(陶潛) : 자는 연명(淵明). 원량(元亮)이라고도 한다. 팽택령이 된 지 80여일 만에 〈귀거래사(歸去來辭)〉를 짓고 고향으로 돌아와 시와 술로 즐기고 전원생활을 하였다. 여기서는 진계경이 고향집에 온 것이 마치 장한과 도잠 같다는 말이다. 『南史』 七十五.

머뭇거리다가 배를 타고 가지 못하였네.
곤륜산과 현포[111]를 작은 병풍에 그려놓고
십년의 맑은 흥취 길이 유유하였네.
어떻게 이 선인의 도술을 빌어서
일엽편주로 다시 안기생(安期生)[112]을 찾으리.

年來跡斷仲舒園, 閱書永夜焚膏油.
奇聞異說摠眼前, 幾多遐想馳千秋?
邯鄲嘗怪呂仙枕, 竹葉更有仙翁舟.
陳卿本是不羈人, 才調自擬公侯述.
屠龍才大無處試, 落魄聊作江湖遊.
青龍寺裡住烏藤, 爲愛景物探淸幽.
誰人壁上寫寰宇? 毫末咫尺分諸州.
江南何處是吾鄉? 故園蒼茫煙樹稠.
迢迢淸渭接長河, 歸興浩渺知誰收?
何方化作畵中人, 扁舟從此尋菟裘?
終南山人謫來仙, 鍊道閱世如蜉蝣.
笑將竹葉着畵上, 妙術誰識天機偸!
斯須幻出一孤舟, 寒濤綠浪迷汀洲.
恍然身世入無何, 飄飄一棹橫中流.
孤帆張翰適東吳, 輕颺陶潛歸古邱.
老妻穉子慰無恙, 鷄黍幾日欣相留.

---

111) 현포 : 곤륜산에 선인이 산다는 곳. 『文選』 東京賦.
112) 안기생(安期生) : 진한(秦漢)시대 사람. 황제 · 노자의 학설을 배워 동해가에서 약을 팔았다. 진시황이 동유할 때 3일 간 그를 만나 이야기를 하였고 그 뒤 바다의 신선이 되었다고 한다.

靑龍佳致記曾遊, 蒼江萬里頻回頭.
短檣重引去時程, 帆背似有風颼飅.
遽遽忽覺若形開, 壁上畵圖還生愁.
山翁依舊坐擁褐, 柿林落照連層樓.
似夢非夢醉非醉, 欲說此理嗟無由.
嗟余小有江海志, 棲棲未決乘桴浮.
崑崙·玄圃縮短屛, 十年雅興長悠悠.
何緣倩得此翁術, 一葉更訪安期儔?

오추마(烏騅馬)를 슬퍼하다 悲騅馬

방성(房星)[113]의 정채는 명마(名馬)에 모여
모골도 늠름하여 하늘이 특이한 자질 주었네.
뛰고 달릴 때 천리를 달리는 발이 보배인데
방고(方皐)[114]가 죽은 뒤에 아는 자 누구인가?
영웅들이 눈이 높아 천기를 아니
무희 끝난 장대(將臺) 앞에서 스스로 타보았네.
아침에 빗질하고 저녁에 목욕시켜 은혜가 지극하고
비단 언치 옥 등자 황금으로 굴레 했네.
당시에 진 나라 사슴[115]이 들판에 달아나니

113) 방성(房星) : 이십팔 수 중의 하나. 옛날에 천마(天馬)를 상징하는 별이라고 하였다. 『晉書』 天文志 上. "房四星: 亦曰天駟 爲天馬 主車駕".
114) 방고(方皐) : 구방고(九方皐)의 준말. 춘추시대 진(秦) 나라 사람. 말을 알아보는 명수였다. 『列子』 說符.

몇 사람이 칼을 두르며 뒤따라 쫓았던가?

군왕(君王)[116]들이 팔을 높이 들고 용력을 뽐냄에

우박과 바람이 흩어지듯 사방으로 흩어졌네.

곧은 장수들은 사슴뿔을 말 위에서 잡는데[117]

여러 영웅들은 어찌하여 살인을 풀 베듯 하였나?

형양(滎陽)[118]에서 몇 년이나 발이 쉬지 않았으니

피땀을 흘림에 근력이 피로하다 사양할 수 있는가?

백 번 싸워 길러준 은혜 갚으려고 하면서

성낸 눈동자 거울 같이 빛났네.

패중(沛中)의 유랑(劉郞)[119]이 먼저 채찍을 들어

번복되는 병가의 싸움 바둑 두듯 하였네.

홍구(鴻溝)[120]에서 잠깐 동서를 나누는 일을 보았더니[121]

---

115) 진 나라의 사슴[秦鹿] : 사슴은 황제의 자리를 비유한 말. 곧 진나라의 제위를 이른 말이다. 王安石 范增詩 一. "中原秦鹿待新羈".

116) 군왕(君王) : 진시황이 죽고 이세(二世)가 왕위에 오르자 각지에서 일어난 반란군을 이르는 말. 진승(陳勝) · 오광(吳廣) · 전담(田儋) · 한광(韓廣) · 경구(景駒 · 항우(項羽) · 유방(劉邦) 등이 일어나 스스로 왕이라 칭하고 반란에 참여하였다.

117) 곧은 장수들은 그 뿔을 말 위에서 잡는데 : 사슴을 잡을 때 앞에서는 뿔을 잡고 뒤에서는 다리를 당기는 일. 사슴은 황제의 자리를 비유한 말이다. 掎角. 『左傳』 襄公 十四年.

118) 형양(滎陽) : 하남성 형양현의 북동쪽에 있다. 항우가 유방을 포위하여 위급하게 되었는데 장군 기신(紀信)이 거짓으로 식량이 다 되어 초왕에게 항복한다 하니 초나라 군사는 만세를 불렀다. 이 틈을 이용하여 유방은 성고(成皐)로 도망갔다. 이후 여러 번 뺏고 빼앗기는 격전지가 되었다. 『史記』 項羽本紀.

119) 유랑(劉郞) : 한고조(漢高祖) 유방(劉邦)을 이르는 말. 본래 패택(沛澤) 사람이다. 처음에는 항우와 함께 진나라의 수도 함양을 공격하는 일에 동참하였으나 함양을 함락하고 항우와 서로 적이 되어 싸웠다.

120) 홍구(鴻溝) : 옛날 중국의 운하(運河) 이름으로, 한(漢)나라와 초(楚)나라가 패권을 다툴 때 서로의 경계선으로 삼았던 곳이다. 《사기(史記)》 고

해하(垓下)[122]의 위급을 먼저 당할 줄 어찌 알았으리.
차이고 밟히고 몇 겹으로 포위됨을 슬퍼하니
용감한 기병(騎兵)들은 많으나 도리어 쓰러지고 도망치네.
음릉(陰陵)[123]의 어두운 밤에 길도 분간 못하는데
큰물만 망망하니 어디로 갈까?
잔병(殘兵)들은 불행히도 새벽별 같이 없어지니
강동의 자제 팔천 명[124]이 지금 누가 따라오겠나?
어느 곳으로 뛰어가나 하늘이 나를 망하게 하니
길 막힌 강 위에서 공연히 머뭇거리네.
항우의 영혼은 칼 빛 따라 흩어져 버리니
할 수 없다, 신룡(神龍) 같은 말도 때를 만나지 못하였네.
아득한 저문 날에 눈물만 쏟아지니
모래의 먼지는 얼굴을 치고 비린바람 불어오네.
바람도 번개도 따라잡을 뜻은 있으나
등 위에 사람 없으니 무엇에 쓸까?

조본기(高祖本紀)에 "항우(項羽)가 이에 두려워한 나머지, 한왕(漢王)과 천하를 중분(中分)하기로 약속하고는, 홍구 이서(以西)를 떼어 한나라에 주고 자신은 홍구 이동(以東)을 차지하기로 하였다."는 말이 나온다.

121) 홍구(鴻溝)에서 잠깐 동서를 나누는 일을 보았더니 : 항우와 유방이 서로 다투다가 늦게 항우는 도와주는 자가 적고 군량이 다 소모가 될 무렵에 한신이 항우를 공격하자 항우는 유방과 더불어 홍구를 경계로 하여 서쪽은 한나라로 하고 동쪽은 초나라로 하기를 약속하고 인질로 잡았던 유방의 아버지와 부인을 돌려보냈다. 『史記』 項羽本紀.

122) 해하(垓下) : 안휘성 영벽현(靈壁縣)의 남동쪽에 있는 땅 이름. 항우가 유방에게 포위를 당하여 패한 곳이다. 『史記』 項羽本紀.

123) 음릉(陰陵) : 안휘성 정원현(定遠縣)에 있다. 항우가 싸움에서 패하여 길을 잃은 곳이다. 『史記』 項羽本紀.

124) 강동 자제 팔천 명 : 항우는 본래 강동 사람. 항우가 처음 군사를 일으킬 때 항우를 도우려고 따라 나선 군대를 말한다. 『史記』 項羽本紀.

구름 같은 갈기는 날로 더부룩해지고
용 같은 등뼈 봉 같은 가슴 늙고 수척해지네.
머리 숙여 그림자를 보니 마른 뼈만 앙상하니
주인을 그리는 작은 정성 누가 알아주리.
좌절된 일은 한번 잘못된 탓만도 아니라
군왕의 자긍심 때문이지.
슬프다 오추마(烏騅馬)야 어찌 네 혼자뿐인가?
휘장 아래 슬피 우는 우미인(虞美人)[125] 있노라

方星精彩鍾名騅, 毛骨凜凜天與奇.
騰攘自珍千里足, 方皇一去知者誰?
英雄具眼識天機, 戲罷臺前還自騎.
朝梳暮浴恩眷至, 錦韉玉鐙黃金羈.
當時秦鹿逸在野, 幾人揮劒爭奔追?
君王奮臂倚勇力, 雹散風驚分四馳.
直將厥角馬上掎, 群雄何用煩芟夷?
滎陽數載足不休, 汗血敢辭筋力疲?
百戰要酬豢養恩, 怒瞳夾鏡光參差.
沛中劉郎先着鞭, 翻覆兵家如奕碁.
鴻溝纔見畵東西, 豈料先遭垓下危.
長鳴蹴踏數重圍, 鐵騎滿眼還靡披.
陰陵月黑路不分, 大澤茫茫何所之?
殘兵牢落似晨星, 八千子弟今誰隨.
超騰何處遣天亡, 路窮江上空踟躕.

125) 우미인(虞美人) : 항우의 애첩. 『史記』 項羽本紀.

英魂驚逐劒光散, 已矣神龍丁不時.
蒼茫落日涕橫墜, 塵沙撲面酸風吹.
追風逐電志雖存, 背上無人那得施?
雲駿霧鬃日蒙茸, 龍脊鳳胸成老羸.
低頭顧影瘦稜兢, 戀主微誠誰復知?
顚沛非緣一蹶失, 自是君王矜自持.
吁嗟騅兮豈獨爾? 帳下亦有悲歌姬.

거문고 타던 대琴臺

성도성(成都城) 서쪽 착교(笮橋)126) 밖에
옛 담장은 매몰되고 쑥대만 났네.
사람들 말하기를 사마장경(司馬長卿)127)이 여기에 살았다 하니
그 중에 탁문군(卓文君)128)이 술 팔던 대(臺)만 있네.
차분한 선비 아름다운 미인은 둘 다 어디 갔는가?
해는 지고 들판의 학은 구름과 함께 멀어지네.
당년에 불우하여 임공(臨邛)129)의 객이 되었는데

---

126) 착교(笮橋) : 다리 이름. 사천성 성도시의 남서쪽에 있다. 사마상여의 집이 있었다고 한다. 說郛『益州記』. "司馬相如宅 在州西笮橋北百許步 李膺云市橋西二百步 得相如舊宅 今梅安寺南 有琴臺舊墟".

127) 사마장경(司馬長卿) : 사마상여의 자. 사부(辭賦)에 뛰어났으며 한위(漢魏) 육조 문인들의 모범이 되었다. 탁왕손(卓王孫)의 딸 문군(文君)과의 애정 행각으로 유명하다.『史記』百十七.

128) 탁문군(卓文君) : 한나라 때 임공(臨邛)의 부자 탁왕손(卓王孫)의 딸이 과부가 되어 친정에 와서 살다가 사마상여의 거문고 소리에 반하여 같이 도망하여 술을 팔며 살았다.『史記』司馬相如傳.

때로는 왕자(王子)[130] 따라 함께 놀았네.

요금(瑤琴)을 탁씨(卓氏)의 자리에서 한번 탔더니

비단 창문 사이로 아름다운 모습을 보이네.

다정하기는 전생에 인연이 있었는 듯

밤중에 몸을 빼내 함께 이곳에 왔네.

이곳으로 달려와서 술집에 의지하여

그릇도 씻고 따라다님에 남들의 비웃음도 받았지

봉황이 짝을 만나 고향으로 돌아오고

맑은 강 언덕에 원앙이 목을 부비는 듯.

집은 아무리 가난해도 걱정이 아니요

서로 마주보며 거문고도 타고 새 술을 빚네.

돈을 버는데 기한(飢寒)을 면하면 만족하고

고기 팔고 술파는 일 천재에 무슨 험이 되리.

일생의 정을 쏟아 어찌 다시 옮기리

소갈병(消渴病)[131] 어느덧 속 깊이 스며드네.

깊은 맹세 굳은 언약 금석(金石)을 두고 맹세하였으나

사생에 있어 이 뜻은 돌리기 어려웠네.

거문고 노래 한번 끊기니 누가 다시 화답하리

높은 재주 옥 같은 얼굴 부질없이 진애(塵埃) 되었네.

---

129) 임공(臨邛) : 사천성 공협현(邛峽縣)에 있다. 탁문군의 아버지 탁왕손이 살던 곳이다. 사마상여는 탁왕손의 초대를 받아 이곳에서 거문고를 탔다. 『史記』 司馬相如傳.

130) 왕자(王子) : 탁왕손을 말한다.

131) 소갈병(消渴病) : 요즈음의 당뇨병. 사마상여는 소갈병이 있었다. 『史記』 司馬相如傳.

지금 이 언덕에 옛터만 남았으니
천년 지나 나그네만 술잔을 권하네.
꽃다운 풀은 푸른 치마인가 의심하고
그윽한 꽃은 완연히 술 오른 볼을 대하는 듯하네.
그대는 금곡(金谷) 석숭(石崇)[132]의 집이 차가운 연기에 잠긴 것 보지 못하였나?
백년의 빈부란 모두 아득하기만 하네.

成都城西笮橋外, 古墻埋沒生蒿萊.
人言馬卿此曾住, 中有文君沽酒臺.
雍容艶麗兩安在? 日暮野鶴雲俱逥.
當年落魄客臨邛, 時從王子同徘徊.
瑤琴一奏卓老筵, 瑣窓紗薄修眉開.
多情似有夙世緣, 偸身半夜偕歸來.
歸來此地寓酒肆, 滌器任從傍人咍.
鳳凰得偶歸故鄕, 鴛鴦交頸淸江隈.
家徒四壁豈所恤, 彈琴相對篘新醅.
得錢自足免飢寒, 屠沽未爲妨逸才.
鍾情一生豈復移? 消渴居然潛內催.
深盟密約指金石, 死生此意終難回.
琴歌一斷誰復酬? 高才玉顔空塵埃.
只今陂陀餘古基, 千載謾侑遊人杯.

132) 석숭(石崇) : 진(晉)나라 남피(南皮) 사람. 자는 계륜(季倫). 형주자사가 되었고 상인의 재물을 갈취하여 큰 부자가 되었으며 금곡 별장(金谷別莊)을 지어 사치와 유희를 일삼았다. 『晉書』 三十三.

芳草疑看翠羅裙. 幽花宛對微醺腮,
君不見石家金谷銷寒烟, 百年貧富俱悠哉.

악왕(岳王)의 묘에 조상하는 시 岳王墓

창망한 언덕 위에 거친 풀만 무성한데
한 조각 수운(愁雲)은 고목을 가리었네.
석 자의 짧은 비에 반은 이끼인데
이것이 남송 악왕(岳王)[133]의 묘라네.
당년의 충의는 사해[夷夏][134]에 진동하여
지금도 생각하면 경모의 마음 더하여라.
향해(香孩)[135]의 큰 사업[송나라]이 곤경에 빠지니
오랑캐의 군대 남으로 소나기 같이 달려오네.
신주(神州)[136] 만 리가 요망한 대기에 잠기니
이제(二帝)[137]의 옥가(玉駕)가 오국성(五國城) 길에 올랐네.

---

133) 악왕(岳王) : 남송의 악비(岳飛)를 무목왕(武穆王)에 봉하여 악왕이라고 한 것이다. 자는 붕거(鵬擧). 금군을 격파하는데 큰 공을 세웠다. 벼슬은 소보(小保)에 이르고 금과의 화의를 주장하던 진회(秦檜)와 만사설 · 장준 등에 의해 옥중에서 살해되었다. 효종 때 복관되었다. 『宋史』 三百六十五.

134) 사해(四海 : 夷夏) : 이(夷)는 사이(四夷) 하(夏)는 중국을 이르는 말. 곧 사해를 이르는 말이다.

135) 향해(香孩) : 송 태조 조광윤(趙匡胤)을 이르는 말. 그가 태어날 때 온 집안에 붉은 빛이 감돌고 몸에는 기이한 향기가 났다고 한다. 『宋史』 太祖本紀.

136) 신주(神州) : 중국을 이르는 말. 『世說新語』 言語. "當共戮力王室 克復神州".

137) 이제(二帝) : 송(宋)의 두 황제 휘종(徽宗)과 흠종(欽宗)을 이르는 말. 이들은 정강(靖康)의 변에 금군에게 포로가 되어 금나라에서 서민으로 살다

장군은 국치(國恥)를 씻으려고 팔을 뽐내며
짧은 칼로 피비린내 나는 전쟁을 쓸어버리려 하였네.
범처럼 포효하니 풍운이 일고
나부끼는 깃발은 벽력이 노한 듯
적은 입 다물고 거꾸러져 만 명이 쓰러지니
눈앞의 중원은 손가락으로 가리키듯 하였네.
칼날이 가는 곳에 수레도 부서지니
올출(兀朮)[138]은 머리 싸매고 간담이 서늘하네.
주선진(朱仙鎭)[139] 밖에는 피가 흘러 내가 되고
언성문(郾城門)[140] 앞에는 시체 셀 수 없어라
양하(兩河)의 충의[141]는 복명(服命)에 힘씀에
오랑캐의 장수도 넋이 빠져 다투어 귀순했네.
송나라의 구업(舊業)을 회복하기 한 발짝 사이인데
군사를 거두고 돌아오라는 어명은 왜 이렇게 잦은고
변수(汴水)가 띠와 같이 남북으로 막혀 있어
서울을 지척에 두고 건너지 못하였네.
십년의 전공은 헛되이 버린 게 상심되고
공연히 단충(丹忠) 있어 금석 같이 견고하네.

가 금나라의 오국성(五國城)에서 죽었다.

138) 올출(兀朮) : 금(金) 태조 아골타(阿骨打)의 넷째 아들. 본명은 알철. 금나라의 장수. 금나라의 주전파이다.

139) 주선진(朱仙鎭) : 하남성 개봉현(開封縣)의 남쪽에 있다. 악비가 금나라의 군대를 크게 무찌른 곳이다. 『宋史』 岳飛傳.

140) 언성문(郾城門) : 하남성 언성현(郾城縣)에 있다. 악비가 금나라의 군대를 크게 무찌른 곳이다. 『宋史』 岳飛傳.

141) 양하(兩河)의 충의 : 미상

필경은 간신(奸臣)[142]들이 일을 꾸미니
구중궁궐에 구름 깊으니 어떻게 호소하나?
햇빛은 엎어 놓은 항아리 속을 비추지 못하니
일편정충(一片精忠)을 어느 곳에 호소하리.
오자서(伍子胥)[143]에게 촉루(屬鏤)란 칼을 줌에 사람들은 슬퍼하고
화의(和議)는 누가 왕실을 바로잡으려다가 그르쳤나[144]
부모의 원수도 잊으니 산하도 부끄러워하는데
제왕은 어찌하여 깨닫지 못하나요?
장군이 가고나니 일도 변함에
누가 만고에 무너진 기강[彝倫]을 바로 할까?
황천에 간 지 천년에 백골은 사라져도
장한 충의는 죽지 않고 예와 같으리라.
내가 긴 노래 지어 유혼(遺魂)을 조상하니
오열하는 솔바람 속에 산속에 해만 저무네.

---

142) 간신(奸臣) : 진회(秦檜)를 말함.

143) 오자서(伍子胥) : 춘추시대 초나라 사람. 사(奢)의 아들, 상(尙)의 아우. 아버지와 형이 초평왕에게 죽임을 당하자 오나라로 도망하여 오왕을 달래어 초나라를 쳤다. 그 뒤 태재(太宰) 비(嚭)가 오왕을 모함함에 오왕은 자서에게 촉루(屬鏤)란 칼을 주어 자결하게 하였다. 여기서는 악비도 오자서처럼 억울하게 죽었다는 말이다. 『史記』 伍員傳.

144) 화의(和議)는 누가 왕실을 바로잡으려다가 그르쳤나? : 송나라는 금나라의 침입으로 휘종과 흠종은 포로가 되어 금나라로 잡혀가 죽었고 고종이 양자강을 건너 임안에 도읍을 정하고 금나라와의 대치 끝에 진회(秦檜)는 화의를 주장하고 악비와 한세충(韓世忠)은 싸우기를 주장하였다. 고종은 싸움을 싫어하여 진회를 등용하여 재상으로 삼고 주전파를 역적으로 몰아 죽였다. 그러나 효종 때 와서 악비 등은 신원되었다.

蒼茫斷壟蔓草荒, 一抹愁雲迷古樹.
短碣三尺半蒼苔, 云是南朝岳王墓.
當年忠義動夷夏, 緬想至今增景慕.
香孩鴻業屬中屯, 虜騎南驅紛似雨.
神州萬里鎖妖氛, 二帝鸞輿五國路.
將軍奮臂雪國耻, 尺劒擬掃腥膻汚.
咆咻熊虎風雲起, 轟騰旌旗雷霆怒.
暗啞顚倒萬人廢, 眼底中原隨指顧.
兵鋒到處轍摧破, 兀朮捧頭心膽怖.
朱仙鎭外血成川, 郾城門前屍無數.
兩河忠義願服命, 虜將褫魄爭歸附.
重恢舊業一蹴間, 班師玉詔來何屢?
汴水如帶隔南北, 咫尺京城不得渡.
傷心虛棄十年功, 空有丹忱金石固.
奸雄畢竟事羅織, 九天雲深那得籲?
日月不到覆盆裏, 一片精忠無處訴.
屬鏤人悲伍子寃, 和議誰匡王室誤?
忘親釋怨山河羞, 帝獨如何迷不悟?
將軍一去事隨變, 誰拯萬古彛倫斁?
黃壤千年白骨消, 壯心未死應如故.
我作長歌吊遺魂, 嗚咽松風山日暮.

건괘(乾卦)와 곤괘(坤卦)는 주역에 들어가는 문이다
乾坤易之門

홍몽(鴻濛)[145]의 때에 음양[二儀]이 나누어지면서
위는 하늘 되고 아래는 땅이 되었네.
인류의 문명은 소략하여 아직 펴지지 않을 때
용마(龍馬)[146]가 나와 상서로운 물건을 바쳤네.
성인이 이를 받아 팔괘를 만드니
천년을 이용한 주역의 도가 처음으로 발원했네.
건괘(乾卦)와 곤괘(坤卦)를 집어 주역의 첫머리에 놓으니
천지의 위치는 높고 낮은 것으로 정하였네.
하늘은 강(剛)하고 땅은 유(柔)하여 음양 두 기운을 상징하니
음양이 동(動)하고 정(靜)하여 만물을 생하는 것이 그 덕의 근원이라.
강유(剛柔)가 서로 움직여 사상(四象)이 되고 또 팔괘가 됨에
육십이 괘가 이 문으로부터 시작되네.
하나의 음과 하나의 양이 천지간에 충만함에
만 가지의 조화가 이루어져서 둔괘(屯卦)가 되네.
둔괘가 이미 형통함에 엉킨 것이 풀리니
차이고 막히고 통하고 활달하여 부족함이 없게 되네.

---

145) 홍몽(鴻濛): 천지가 생길 무렵의 혼돈 상태. 『秦併六國平話』上. "鴻濛肇判風氣始開".

146) 용마(龍馬): 복희씨 때 하도(河圖)를 등에 업고 황하에서 나왔다는 말. 복희씨가 이를 보고 팔괘를 그렸다고 한다. 『書經』 顧命 孔傳. "龍馬出河 遂則其文 畫八卦".

산이 솟고 내가 흘러 모두 제 자리에 있으니
비와 이슬 바람과 구름 뒤섞여 움직이네.
사시의 추위와 더위 차이고 비는 것이 조화 되어
해와 달이 가고 오고 새벽이 되고 밤이 되네.
초목과 금수가 각각 이치를 갖춤에
생살(生殺)을 자연대로 함에 칼로 찍은 흔적을 볼 수 없네.
음양의 기운은 자연한 것이 아니라고 누가 말하나?
치우치거나 편당이 없으니 어찌 결함[平反][147]이 있을까?
순리대로 따라 뒤에 쳐지거나 미리 앞지름이 없어야 하니
만물의 시종은 오직 하늘의 덕[148]에 있네.
곤(坤)이 하늘의 덕을 짝하여 만물을 후하게 싣나니
만물이 이에 힘입어 태어나고 번식하네.
서로 변화되는 일은 모두 이로 인해 이루어지니
지극하다 주역의 이치는 갖추어 논하기 어렵네.
서로 어진 사람의 군신이 만나는 것과도 같아
모든 일의 편안함이 여기에 있도다.
하물며 부부는 천지의 건순(健順)의 덕을 형상하니
자손을 낳아 기르는 이치는 여기에 뿌리 했네.
주역을 배우려면 두 괘[乾坤]로부터 시작하여야 하니
선현들의 말이요 내 말이 아닐세.

---

147) 어찌 결함[平反]이 있을까?:'평번'이라고 읽는다. 잘못 판결한 안건을 바로잡아 억울함이 없게 하는 일. 『漢書』 雋不疑傳. "其母輒問不疑 有所平反活幾何人".

148) 하늘의 덕[乾元]:건원은 천도의 시초 또는 하늘의 덕. 임금의 대덕을 이르기도 한다. 『周易』 乾卦. "大哉 乾元 萬物資始".

鴻濛纔判二儀分, 上者爲乾下爲坤.
人文朴略初未宣, 呈瑞却須龍馬煩.
聖人則之八卦成, 千載易道初發源.
拈得乾坤繫易首, 天地位定卑與尊.
天剛地柔寓二氣, 動靜生生其德原.
剛柔相盪四而八, 六十二卦從此門.
一陰一陽充覆載, 萬化鬱結而化屯.
屯者旣亨交者解, 盈塞通暢無餘寃.
山川流峙咸自在, 雨露風雲從覆翻.
四時寒暑及盈虛, 日月往來晨復昏.
草木禽獸各具理, 生殺不見刀鑿痕.
誰非二氣運自然? 無偏無黨何平反.
隨之無後迎無前, 終始萬物惟乾元.
坤爲配德事厚載, 萬物資之生且蕃.
相推變化摠由此, 至矣易理難具論.
有如君臣會明良, 庶事之康於此存.
何況夫婦象健順, 生育之理于玆根.
學易要自兩卦始, 先賢有語非吾言.

중천대[149] 中天臺

주나라의 천자는 기이한 술법을 좋아하여
이인이 멀리 서방으로부터 왔네.
천 가지의 환술(幻術)은 묘함이 무궁하여
군왕이 오래도록 모시기를 원했네.
신선은 더러운 속세를 좋아하지 않아
땅을 골라 별도로 높은 누대를 지어주었네.
돌을 다듬는 망치는 만산의 돌을 헐었고
나무를 베어 일천 산의 재목을 다 모았네.
천 길의 높은 누대 중천에 솟으니
특이한 경내는 조용하여 세속을 멀리 했네.
아늑한 누대에서 눈 아래로 종남산(終南山)[150]을 굽어보니
좌석 아래로 구름과 우뢰를 보는 것과 비슷하네.
창문은 영롱하고 금빛의 벽이 눈부시며
기둥은 찬란하여 옥으로 둘렀네.
그 속에는 정나라와 위나라의 천 명의 미인[151] 있어
무지개 치마 선녀들이 옷을 펴고 다니네.

---

149) 주목왕(周穆王)이 쌓은 대이다. 주목왕은 서쪽으로부터 온 마법(魔法)의 기인을 무척 좋아하고 그를 위하여 호화스러운 누대를 지어 사치가 극진하고 그를 따라 함께 환상의 세계에 놀기도 하였다. 다시 서쪽으로 가서 서왕모를 만나 놀다가 서언왕(徐偃王)이 반란을 일으켰다는 말을 듣고 본국으로 돌아왔다.

150) 종남산(終南山) : 섬서성 서안시의 남쪽에 있는 산.

151) 정나라 · 위나라(鄭衛)의 천명의 미인 : 주목왕은 정 · 위의 나라에서 천 명의 미인을 뽑아 그 안에서 시중을 들게 하였다. 『列子』 周穆王. “號曰中天之臺 簡鄭衛之處子 娥媌靡曼者”.

승운(承雲)과 신로(晨露)[152]의 신령한 음악 연주하니
바람 따라 멀리 감에 맑고도 애처롭네.
백옥 빛의 수건이며 백옥 같은 밥을 먹고
황금의 술잔에 황금빛의 술을 마시네.
재물을 탕진하고 생각을 다하여 조석으로 받드니
이 생을 거의 함께 거닐면서 사네.
중천대 속에는 미인들이 옥궤(玉几)에 기대고
대 아래에는 군왕께서 향연(香輦) 타고 돌아오네.
(목왕은) 그를 따라 멀리 가서 무하향(無何鄕)에 들어가니
공중에는 전각이 높게 솟았더라.
정신으로 노는 일은 미흡하여 갑자기 허공에 떨어지는 듯하더니
놀라 깸에 보좌(寶座)의 모습은 그대로 열려 있네.
이로부터 정신을 잃은 지 석 달이 되어[153]
혼백이 날아가고 마음은 재와 같았네.
어떻게 세상 밖에 환술(幻術)을 써서 나갈 줄 알았나?
선인의 몸으로 인간을 향해 돌아오지 않았었네.
군왕께서 기괴한 일에 현혹됨을 웃으면서
잠시 와서 부질없이 아이와 같음을 희롱했네.
누대를 지음에 부질없이 백성의 힘을 다하면서

152) 승운(承雲)과 신로(晨露)의 음악 : 승운은 황제의 음악. 신로는 탕왕의 음악. 모두 고귀한 음악이다. 『列子』 周穆王.

153) 이로부터 정신을 잃은 지 석 달이 되어 : 목왕은 기인을 따라 기인이 사는 하늘나라에 가서 놀면서 몇 십 년이 지난 듯하여 기인에게 인간의 세계로 가기를 청하니 그는 마치 허공에서 떨어지는 듯하였다. 깨어보니 장소도 전날의 장소요 술과 안주도 전날의 것이었다. 그는 정신을 잃었다가 3개월 만에 회복되었다. 『列子』 周穆王.

시종 깨닫지 못하니 참으로 슬픈 일이라.
시를 지어 천추에 경계시키려 함에
팔두(八斗)의 재주를 가진 조랑(曹郞)[154]이 아님이 부끄럽네.

周家天子好奇術, 異人遠自西方來.
千般幻化妙無窮, 君王願得長追陪.
仙蹤不喜塵穢處, 卜地別爲營高臺.
鍊石鎚殘萬山骨, 伐木赭盡千林材.
高臺千仞倚中天, 蕭然異界遺塵埃.
嶙峋眼底瞰終南, 彷彿席下看雲雷.
窓牖玲瓏眩金璧, 棟樑燦爛纏瓊瑰.
中有鄭·衛千蛾眉, 霓裳霞珮飄毰毸.
承雲晨露奏靈樂, 隨風迥發淸而哀.
白玉衣巾白玉食, 黃金盞斝黃金罍.
殫財竭慮奉朝夕, 此生庶幾同徘徊.
臺中美人隱玉几, 臺下君王香輦迴.
相隨遐擧入無何, 空中殿閣高崔嵬.
神遊未恰忽隕虛, 蘧蘧寶座形初開.
從玆自失到三月, 魄喪魂飛心似灰.
安知世外鍊形出? 方瞳不向人間回.
坐笑君王惑迂怪, 暫來謾弄如嬰孩.

---

154) 조랑(曹郞) : 조식(曹植)을 이르는 말. 삼국 때 조조의 셋째 아들로 자는 자건(子建)이다. 문재가 좋아 조조의 사랑을 받았다. 사령운(謝靈運)은 말하기를, "천하의 재주가 한 섬인데 조자건이 홀로 8말을 차지하고 내가 한 말을 갖고 나머지 한 말을 세상 사람이 나누어 가졌다"고 하였다. 『釋常談』 八斗之才.

築臺空自竭民力, 始終不悟誠哀哉.
欲將詩句戒千秋, 愧非八斗曹郎才.

합려성(闔閭城 : 지금의 蘇州)에서 봄바람에 배를 타다[155] 春風倚棹闔閭城

호남의 만 리에 멀리 여행하는 객은
늦게 조각배를 오왕성(吳王城)[156]에 머물렀네.
차가운 연기 낡은 성첩 까마귀만 모여 깃들고
지는 해는 아득한데 강물만 훤하네.
방초 우거진 물가에 배를 멈추고 옛 생각에 잠기니
무단히 서리(黍離)의 탄식은 나의 심정 아프게 하네.
태백(泰伯)[157]의 옛 자취 합려성에 이르러
국세(國勢)를 견고하게 하고 민생을 안정시켰네.
성곽과 해자는 50 리를 뻗쳐 험하게 설치하여
산을 연결하고 물을 건너 멀리 돌렸네.

---

155) 이는 당나라 문장 이가우(李嘉祐)의 시다. 오왕 합려(闔閭)는 왕인 여매(餘昧)를 죽이고 즉위하였다. 오자서(伍子胥)와 손무(孫武)를 등용하여 세력을 중원에까지 넓혔으나 뒤에 월왕 구천(句踐)에게 패하여 죽었다. 합려성은 태백(泰伯)이 주나라의 왕실을 버리고 아우와 함께 와서 살던 곳이기도 하다.

156) 오왕성(吳王城) : 합려성을 말한다.

157) 태백(泰伯) : 주나라 태왕(太王)의 맏아들. 계력(季歷)의 맏형. 태왕이 계력의 아들 창(昌)에게 왕위를 전하려는 뜻이 있음을 알고 아우 중옹(仲雍)과 함께 강남으로 도망하여 그 곳의 풍습에 따라 머리를 깎고 문신을 하였다. 그 뒤 많은 사람들의 추대를 받아 오나라를 건국하였다.

통하는 문은 열두 계곡과 능선에 벌려 있고

이어진 성첩은 높고 높게 솟았네.

지리(地利)를 이용하여 영구히 보존하려 하였으니

다듬어 축조함에 어찌 백성의 수고를 생각했나?

부차(夫差)[158]의 사업은 여기에 의하여 여러 번 이김에

회계산(會稽山)[159]의 월군(越軍)은 새들처럼 도망가고 오군(吳軍)이 차지했네.

아미(蛾眉)의 미인[西施][160]이 시수(施水)의 서쪽으로부터 와서

한번 웃음에 남의 나라를 기울게 하였네.

고소대(姑蘇臺)[161]를 높이 쌓아 구천(九天)의 반 쯤 오르니

붉은 난간은 서강의 맑은 물에 그림자가 잠기네.

오초(吳楚)의 노래와 춤 즐김이 끝나기 전에

월나라 군사가 성곽을 에워 창칼의 소리만 나네.

지덕(至德)의 남은 기반[162] 싹 쓸어 없어지니

158) 부차(夫差) : 춘추시대 오왕 합려(闔閭)의 아들. 월왕 구천(句踐)을 회계에서 격파 아버지의 원수를 갚았으나 뒤에 구천의 이간에 빠져 월에 패망하고 자살하였다. 『史記』 三十一.

159) 회계산(會稽山) : 절강성 소흥시(紹興市)의 남동쪽에 있다. 월왕 구천(句踐)이 오왕 부차에게 포위되어 패한 곳이다. 『左傳』 哀公 元年.

160) 아미(蛾眉)의 미인[西施] : 서시는 춘추시대 월나라의 미녀. 성은 서(西)씨. 월나라가 오나라를 멸망시키기 위하여 월나라 대부 범려(范蠡)에 의해 오왕 부차(夫差)에게 바쳐졌으며 오나라가 망한 뒤에 범려에게 시집가서 함께 오호(五湖)에서 놀았다고 한다. 『吳越春秋』.

161) 고소대(姑蘇臺) : 강소성 오현(吳縣)의 남서쪽 고소산 위에 있는 대. 오왕 부차가 세우고 총희 서시(西施)와 함께 가무를 즐기다가 월왕 구천의 침입을 받아 패망하고 죽은 곳이다. 『吳越春秋』.

162) 지덕(至德)의 남은 기반 : 태백(泰伯)은 주태왕(周太王)의 장자로 아버지 태왕이 왕위를 막내아우인 계력(季歷)에게 물려줄 뜻이 있음을 알고 아우 중옹(仲雍)과 함께 강남의 땅으로 숨었더니 그 지방 사람들이 이를

궁궐과 시가는 모두 농민의 밭으로 변했네.
문은 팔방의 바람과 팔괘(八卦)[163]의 작용으로 무너지니
천 그루의 고목은 가시덤불에 가리었네.
의연한 형세는 옛날의 모습인데
사슴 떼만 무리지어 놀아 나비와 학이 놀라네.
오나라의 강물도 오열하고 오나라 산도 푸르니
나그네의 수심만 더하여 마음이 편치 않네.
그래도 다정한 것은 옛날의 달이라
고소대 앞에서 몇 번이나 차고 이지러졌나?
처량하게 머뭇거리며 홀로 잠 못 이루니
한밤중 한산사[164]에서 종소리만 전해오네.

湖南萬里遠遊客, 扁舟晩逗吳王城.
寒烟殘堞集棲烏, 落日蒼茫江水明.
芳洲倚棹寄遐想, 黍離無端傷我情.
泰伯遺緖到闔閭, 恢拓國勢寧民生.
城池設險五十里, 跨山渡水遙迴縈.
通門十二谷陵開, 邐迤雕堞高崢嶸.
要將地利保永久, 攻築肯念勞烝氓?

알고 오나라의 왕으로 추대하였다. 그러나 당시 사람들이 이런 사실을 모르니 공자는 지극한 덕이 있는 사람이라고 크게 칭찬하였다. 지덕은 태백을 이르는 말이고 남은 기반은 오나라를 가리킨 말이니 곧 오나라가 영영 망하였다는 말이다. 『論語』 泰伯. "子曰泰伯 其可謂至德也已矣 三以天下讓 民無得而稱焉".

163) 팔괘(八卦)의 작용 : 팔괘는 천 · 지 · 수 · 화 · 산 · 택 · 뇌 · 풍을 상징하여 말한 것이기 때문에 이렇게 말한 것으로 보인다.

164) 한산사 : 강소성 오현(吳縣)의 서쪽에 있는 절. 張繼의 〈楓橋夜泊〉. "姑蘇城外寒山寺 夜半鍾聲到客船".

夫差事業席累勝, 會稽鳥竄棲吳兵.
蛾眉來自施水西, 一笑便令人國傾.
姑蘇高起九天半, 朱欄倒蘸西江淸.
吳歌楚舞歡未畢, 越甲繞郭刀鎗鳴.
至德餘基掃地空, 朝市盡入遺黎耕.
門頹八風與八卦, 千章古木迷榛荊.
依然形勢昔年樣, 野鹿群遊猿鶴驚.
吳江嗚咽吳山靑, 添得行人愁未平.
多情最是舊時月, 臺前幾度經虧盈?
悽凉延佇獨不寐, 寒山半夜傳鍾聲.

서산[165] 胥山

거친 산기슭 들풀만 더북한데
그 속에 옛 사당 깊이 문이 잠겼네.
조각배 닻줄 매고 고적을 찾으니
산 중턱에 지는 해에 연환(煙鬟)[166]이 열리네.
거주하는 사람들 나를 위하여 설명하니

---

165) 서산(胥山)은 산 이름. 오자서(伍子胥)의 사당이 있다고 하여 지어진 이름이다. 오자서의 이름은 원(員), 자서는 자이다. 아버지 사(奢)와 형 상(尙)이 초평왕(楚平王)에게 죽임을 당하자 자서는 오나라로 도망쳐 오나라로 가서 오왕 합려(闔閭)를 도와 초나라를 공격하여 아버지와 형의 원수를 갚았다. 합려가 죽고 부차(夫差)가 왕위에 올라 월나라와 회맹을 하는데 이를 간하다가 태재(太宰) 백비(伯嚭)가 참소를 하니 부차는 그를 죽게 하고 가죽 포대에 넣어 강물에 던져버렸다. 『史記』 伍子胥傳.

166) 연환(煙鬟) : 구름과 안개에 감싸인 산봉우리를 이르는 말. 소식의 〈능허대(凌虛臺)〉. "落日銜翠壁 暮雲點煙鬟".

이 산은 자서(子胥)로 인해 서산(胥山)이라 이름 했다네.
선생의 충렬을 만고에 우러러 보니
늠름한 높은 의리 누가 받들어 줄까?
초나라에 원수를 갚은 위세로 남월(南越)을 공격하니
월나라 군사들은 회계산(會稽山)의 띠 풀 속에 숨어 있네.
서자(西子)가 궁문에 들어오면서
백 척의 고소대 지어 구름과 연하게 하였네.
군왕은 환락에 빠져 만기(萬機)의 정사를 보지 않으니
범안(犯顔)으로 직간하여도 용납되지 않았네.
끝내는 촉루(屬鏤)를 우리 공[167]에게 주니
먼저 간사한 백비(伯嚭)[168]를 목 베지 못함이 한이 되네.
동문에 눈을 걸라는 말이 겨우 마치자
포대[鴟夷][169]는 물에 들어가 돌아올 때가 없었네.
오(吳) 땅의 사람들이 사당 세워 애석한 마음을 부쳐
그의 영상은 지금까지 인간에 머무네.
사당의 문은 절강(浙江)의 물과 상대하고 있음에

---

167) 우리 공 : 오자서를 말한다.

168) 백비(伯嚭) : 춘추시대 초나라 사람. 오나라로 망명하여 월나라의 뇌물을 받고 화의를 받아들이게 함에 오자서는 화의를 받아주면 오나라가 망한다고 끝까지 간하니 부차는 자서에게 촉루라는 칼을 주어 자결하게 하였다. 오자서는 내가 죽거든 나의 눈을 빼어 오나라 수도의 동문에 걸어 월나라가 오나라를 쳐들어오는 것을 보게 하라 하고 죽으니 부차는 그를 가죽 포대에 넣어 강물에 던지게 하였다. 그러나 구천이 오나라를 멸하고 부차를 죽인 다음 백비는 왕에게 충성을 하지 못하였다고 하여 죽였다. 『史記』 伍子胥傳.

169) 포대[鴟夷] : 치이는 가죽으로 만든 포대. 자서의 시체는 가죽 포대에 넣어 강물에 던졌다. 『史記』 伍子胥傳.

흰 말이 푸른 물에 달려드는 것과 비슷하네.
조수 머리 높은 사당 하늘에 닿아
천년 동안 노기(怒氣)는 사라질 때가 없네.
충신이 죽으면 나라가 피폐함은 이치가 그런 것이라
옛 고소대엔 사슴이 놀고 이끼만 얼룩이네.
시인은 예부터 읊기를 좋아하여
서산(胥山)에 오름에 선인이 다니는 길 어렵다 말할까!
나의 거친 시가 어떻게 지사(志士)의 원한 풀어줄까?
자서의 말을 기억하여 견고한 돌에 쓰고 싶네.

荒山之麓野藤蔓, 中有古祠深閉關.
扁舟繫纜訪古跡, 半嶺落日開烟鬟.
居人爲我說往事, 山因伍子名胥山.
先生忠烈萬古瞻, 凜然高義誰能攀?
報楚餘威擊南越, 越兵會稽栖茅菅.
自從西子入宮門, 姑蘇百尺連雲間.
君王沈樂置萬機, 直諫不能容犯顔.
終然屬鏤賜我公, 恨不先誅伯嚭姦.
東門掛眼語纔畢, 鴟夷入水無時還.
吳人立廟寄遺爱, 遺像至今留人寰.
廟門相對浙江水. 彷彿白馬馳蒼灣.
潮頭百尺尙薄天, 千年怒氣無時删.
人亡國悴理固然, 古臺鹿走莓苔班.
騷人自古好吟咏. 躋攀不憚仙徑艱!
荒詩那解志士寃? 聊記子語題堅頑.

무릉(茂陵)의 석마에 쓰다 題茂陵石馬

천 그루의 아름나무 옛 왕릉을 에웠으니
석양에 수심만 서리고 차가운 연기만 엉겼네.
몇 열의 석마(石馬)는 거친 풀 속에 있어
바람 앞에 머리를 들어 곧바로 나를 듯하네.
흥망이 백 번 변해도 홀로 한가히 있어
천년을 지나도록 바람 앞에 등불을 지키고 있네.[170)]
묘 안에 영령은 지금까지 있는지 없는지
지난 일 생각하면 감회를 가눌 수 없네.
당년에 의기는 우주에서 과시할 만 했지만
하루살이 인생 죽고 사는 것이 우리의 사람이라.
위중양(魏中梁)의 인생[171)]을 구구하게 살면 무엇하리.
하늘 밖의 낭풍전(閬風巓)[172)]을 한번 오르려고 기대했네.
문성장군(文成將軍)[173)]의 신기한 술법은 장생(長生)을 시험한 것이요

---

170) 바람 앞에 등불을 지키고 있네[風燈] : 풍등은 바람 앞에 등불처럼 인생이 짧고 무상함을 비유한 말. 여기서는 한무제의 짧은 인생을 석마가 부질없이 지키고 있다는 말이다. 呂巖 〈沁園春詞〉. "人世風燈 草頭珠露 我見傷心眼淚流".

171) 위중양(魏中梁)의 인생 : 위중양은 인생의 작고 짧음을 비유한 말. 대진인(戴晉人)과 위후(魏侯)와의 대화에서 나온 말이다. 위후가 군주로서의 권위를 과시하자 대진인이 말하기를, "우주 안에 위나라는 지극히 작습니다. 위나라 안에 양읍(梁邑: 위나라의 수도)은 역시 작은 땅이고 양읍에서 왕은 아주 작은 존재입니다"하니 위후는 대진인을 대인이라고 칭찬하였다. 한무제는 인생이 작고 짧은 존재라는 것을 알고 무한하게 살아보려고 신설술을 배우려 하였다. 『莊子』 則陽.

172) 낭풍전(閬風巓) : 신선이 산다는 전설상의 산. 곤륜산 꼭대기에 있다고 한다. 『海內十洲記』 崑崙.

173) 문성장군(文成將軍) : 한나라 방사(方士) 소옹(少翁)을 이르는 말. 소옹이

오리장군(五利將軍)[174]의 이상한 이야기는 더욱 신빙성 없네.
(무제가) 누대에 거처하며 신선 오기를 요하니
곤명지(昆明池)의 누대는 몇 층이나 열어 놓았나?[175]
동선(銅仙)의 승로반(承露盤)[176]은 반천에 의지하고
금 쟁반에 옥가루는 얼음보다 맑았네.
요지(瑤池)의 아모(阿母)[177]는 좋은 소식 전하려고
붉은 수건을 문 청조는 궁궐에 왔네.[178]
승화전(承華殿)[179]에서 잔치가 파함에 문득 날아가니
반도(蟠桃)[180]가 높이 맺는 일 누가 능히 알겠나?

귀신을 부리는 방법으로 한무제를 알현하니 무제는 바로 문성장군에 임명하였다. 『史記』 封禪書.

174) 오리장군(五利將軍) : 한나라의 방사 난대(欒大)를 이르는 말. 무제에게 불사약을 구하여 올리겠다고 진언하여 오리장군에 임명되었으나 뒤에 속은 것으로 밝혀져 참수 당하였다. 『史記』 封禪書.

175) 곤명지(昆明池)의 누대는 몇 층이나 열어 놓았나? : 무제는 방사들의 말을 듣고 장안의 남서쪽에 곤명지를 파고 옆에 장봉궐(章鳳闕)을 짓고 사치를 극진하게 하고 방사들의 말에 따라 신선이 오기를 기대하였다. 『漢書』 揚雄傳 上.

176) 동선(銅仙)의 승로반(承露盤) : 무제는 방사들의 말을 듣고 건장궁 안에 구리로 선인의 상을 만들어 세우고 오른손으로 이슬을 받는 승로반을 받치도록 만들어 하늘에서 내리는 이슬을 직접 받아 옥가루와 배합하여 복용하면 신선이 되는 줄로 믿었다. 『史記』 武帝本紀.

177) 아모(阿母) : 서왕모. 곤륜산의 요지(瑤池)에서 산다고 한다.

178) 붉은 수건을 문 청조는 궁궐에 왔네 : 청조는 서왕모에게 음식과 편지를 전해주었다는 새. 고릉(觚稜)은 궁궐. 붉은 수건은 청조가 입에 물고 다닌다는 수건. 두보의 〈여인행(麗人行)〉. "青鳥飛去銜紅巾 (杜牧之 長安雜題長句) 觚稜金碧照山高 萬國珪璋捧赭袍".

179) 승화전(承華殿) : 한무제의 궁전 이름. 무제는 이곳에서 재계를 하였는데 청조(青鳥)가 날아오고 서왕모가 와서 반도(蟠桃) 7개를 바쳤다고 한다. 『事文類聚前集』 仙佛部.

180) 반도(蟠桃) : 서왕모가 무제에게 올렸다는 전설의 과일. 삼천년에 한 번 맺는다고 한다. 『漢武內傳』.

곤륜산 현포(玄圃)[181]는 허공에 달린 생각이요
청조와 흰 학은 탈 수 없는 것이지.
단사(丹砂)[182]는 솥에서 차가운 황금으로 변하지 않는데
어찌 대낮에 선인 되어 하늘로 오를까?
짧은 인생은 문틈에 말이 지나는 것 같아
귓가에 흰 머리 곧바로 흐트러지는 것
바람 잡는 잘못된 생각 진시황의 전철(前轍)에 빠지니[183]
늦게 깨우친 윤대(輪臺)의 조서[184]는 어찌 말을 할까?
무제의 장한 뜻 끝내는 한 줌의 흙이 되니
지금 천년 뒤에 징계가 되네.
석마(石馬)야 석마야 너 홀로 있어
세 번이나 돌아 걸음에 부질없이 탄식하고 가엾어라.
생사의 유래는 이치를 거스를 수 없으니
오래 보아도 세상 사람 누가 죽음을 면했나?
짧은 노래로 왕을 위하여 이렇게 쓰니
황제께서 영혼 있으면 응당 가슴에 새기소서.

---

181) 현포(玄圃) : 곤륜산에 있는 신선이 산다는 곳. 『文選』 東京賦.

182) 단사(丹砂) : 주사. 또는 주사를 달이면 황금이 된다고 하였다. 신선이 되려면 이것을 복용해야 한다고 하였다. 『史記』 封禪書.

183) 진시황의 전철(前轍)에 빠지니 : 진시황은 장생불사의 생각이 있어 방사 서불(徐市)에게 동해 속에 가서 불사약을 구해오게 하였다. 그러나 서불은 오지 않았고 진시황도 얼마 안가서 죽고 말았다. 여기서는 진시황과 같이 허망스러운 일을 하지 말라는 말이다.

184) 윤대(輪臺)의 조서 : 윤대는 서역의 땅. 지금의 우루무치 동쪽에 있다. 한무제는 평생 동안 서역을 개척하느라 국력이 크게 손상됨을 만년에 뉘우치고 서역 윤대의 땅을 포기한다고 선언한 조서. 楊萬里의 〈讀罪己詔〉. "莫讀輪臺詔 令人淚點垂".

千章拱木護古陵, 夕陽愁鎖寒烟凝.
數行石馬蔓草間, 矯首風前驕欲騰.
興亡百變獨自閑, 閱盡千世如風燈.
墓中英靈今在無, 緬想往事懷難勝.
當年意氣誇宇宙, 蜉蝣出沒飛凡蒸.
區區何用魏中梁? 天外閬風期一登.
文成奇術試長生, 五利異說尤無憑.
樓居要自引神仙, 昆明畫閣開幾層?
銅仙承露倚半天, 金盤玉屑淸於氷.
瑤池阿母通好信, 紅巾靑鳥來觚稜.
承華宴罷忽飛去, 蟠桃峙結知誰能.
崑崙玄圃思空懸, 靑鸞白鳥無由乘.
丹砂未化金鼎寒, 那得白日中天昇?
浮生倏忽隙過駒, 鬢邊華髮還鬅鬙.
捕風謬計陷秦轍, 晩悟輪臺何足稱?
壯志終歸土一杯, 只今千載堪爲懲.
石馬石馬渠獨壽, 步繞三匝空嗟矜.
生死由來理莫逆, 久視此世人誰曾?
短歌聊復爲以題, 帝若有靈應服膺.

어사가 내리게 한 비[185] 御史雨

사나운 옥사(獄事) 여러 해에 백성의 원한 맺혔으니

원기는 하늘에 차서 하늘도 노하였네.

하늘이 가뭄을 내려 무서운 불처럼 쪼이니

뜨거운 햇빛 불같은 구름 하토(下土)를 태우네.

비 내릴 구름처럼 바라던 어사 오셔서

큰 재앙의 옥사를 해결함에 하늘은 비를 내렸네.

오원(五原) 땅 당일에 현명한 관장[二天][186]이 없어

근심하는 백성들 고생도 많았지

공야장(公冶長)[187]은 죄 없이 옥중에 있으면서

억울한 정을 호소하려 함에 창자가 썩는 듯하였네.

인화(人和)를 한번 잃으면 음양도 잘못되어

---

185) 안진경(顔真卿)이 감찰어사가 되어 河隴으로 갔을 때 五原에서 억울한 옥사가 있어 오래도록 해결을 못보고 또 가뭄이 극심하였다. 안진경이 옥사를 통쾌하게 해결하니 마침 비가 쏟아졌다. 군인(郡人)들이 너무도 기뻐서 어사우(御史雨)라 불렀다 한다.

186) 현명한 관장[二天] : 이천은 훌륭한 관장을 이르는 말. 한나라 때 소장(蘇章)은 기주자사(冀州刺史)가 되었는데 친구가 청하태수(淸河太守)가 되었다. 소장이 지방을 순찰하는데 친구인 청하태수는 소장에게 성대한 대접을 하고 평생의 친분을 이야기하니 청하태수가 말하기를, "사람들은 한 하늘(부모)이 있는데 나는 두 하늘이 있다."고 하니, 소장은 말하기를, "오늘 받는 대접은 친구로서의 대접을 받는 것이요 명일의 기주자사는 공무를 행하는 일이라고 하고 법대로 다스리니 경내에서 사(私)가 없음을 알고 현명한 자사라는 소문이 돌았다. 『後漢書』 蘇章傳.

187) 공야장(公冶長) : 공자의 제자. 그는 죄가 없는데도 감옥 신세를 지게 되어 공자가 이를 알고 사위를 삼았다. 여기서는 옥사를 잘못 판결하여 하소연 못하고 죽음에 이를 안타깝게 여기는 말이다. 『論語』 公冶長.

가뭄은 은나라 때 심하였고 기근은 노나라 때 심하였네.[188)]

타는 땅 천리는 거북등처럼 갈라지고

누런 먼지는 사방으로 막혀 하늘을 덮었지

누가 원한을 풀어 하늘을 감격시킬까?

안진경(顔眞卿)은 정직하여 참으로 비길 사람 없네.

송사 듣기를 다른 사람 같이 한다[189)]는 일은 공자에게 배워

덕택이 백성에 미침은 소부두모(召父杜母)[190)]와 같았네.

정사가 화평하니 천지의 화기를 넉넉히 받음에

즐겁다 군자여 백성의 부모가 되었네.

옥중에서 오랜 원한을 풀어준다 들었고

들 밖에서 벌써 기름진 젖줄이 흐르는 줄을 깨달았네.

단비가 흡족한 곳에 인택도 흡족하니

상양 새(商羊)[191)] 춤추는 곳에 백성들도 춤추네.

우리 공전(公田)에 흠뻑 오고 우리 논에도 흠뻑 오니

맥수가(麥穗歌)[192)] 노래 소리 만호에 넘치네.

---

188) 가뭄은 은나라 때 심하였고 기근은 노나라 때 심하였네 : 은나라 탕왕 때 7년의 가뭄이 있어 탕왕이 상림(桑林)의 들에서 비를 빌었다. 『荀子』 富國. 노나라는 애공(哀公) 연간에 흉년이 들었다. 『論語』 顔淵. "哀公問於有若曰年飢用不足 如之何".

189) "송사 듣기를 다른 사람 같이 한다" : 공자도 송사를 듣고 판결하는 일을 다른 사람처럼 많이 한다. 그러나 이는 좋은 일이 아니고 반드시 송사가 없게 하는 것이 좋은 일이란 말이다. 이런 말을 안진경도 공자에게 배웠다는 말이다. 『大學』 傳四章. "子曰聽訟 吾猶人也 必也使無訟乎".

190) 소부두모(召父杜母) : 백성들이 태수의 선정을 칭송한 말. 한나라 때 소신신(召信臣)과 두시(杜詩)가 남양태수로 있으면서 선정을 베풀자 그 지방민들이 이들을 부모에 비유하여 찬양한 말이다. 『漢書』 召信臣傳 · 『後漢書』 杜詩傳.

191) 상양 새(商羊) : 홍수를 미리 알린다는 전설적인 새. 『孔子家語』 辯政.

192) 맥수가(麥穗歌) : 보리 이삭이 패는 것을 두고 지은 노래.

백곡이 잘 여물어 세황(歲況)은 풍년이라
만 백성 기뻐하여 도두가 안도하네.
삼농(三農)[193]에 귀한 비 이 누구의 힘인가?
백성들 말하기를 어사의 공이 넓다하네.
원래 감응하는 이치는 틀리는 법 없어
진실로 좋은 상서 사람이 이루는 것을 알았네.
탕(湯) 임금도 옛날에 상림(桑林)[194]에서 비를 비니
삼대 같은 빗발이 바람 따라 줄기졌네.
안공(顔眞卿)은 천년 만에 좋은 비 오게 하니
좋은 이름이 바로 천고에 전하였네.
아! 나도 십년 동안 누운 용을 배워
배에 가득히 뇌성벽력 담아놓고 토하지 않다가
풍운(風雲)[195]이 모이는 다른 날 상(商)나라 정승[商霖][196] 되어서
덕은 만민에 흡족하게 하여 밝은 임금 돕고 싶네.

犴獄多年結民冤, 冤氣浮天天亦怒.
天敎旱魃熾虐焰, 畏日炎雲焦下土.
雲霓望處御史來, 決獄彌灾天乃雨.

---

193) 삼농(三農) : 봄 · 여름 · 가을의 농사. 『北史』 薛辯傳. "命立庠序 教以詩書 三農之暇 悉令受業".

194) 상림(桑林) : 상나라 탕왕 때 7년의 가뭄이 있어 탕왕이 비를 빌었다는 들 이름. 빌고 나니 사해의 구름이 모여 천리에 비가 내렸다고 한다. 『淮南子』 主術訓.

195) 풍운(風雲) : 훌륭한 임금과 신하가 만나는 일. 『周易』 乾卦 文言. "雲從龍 風從虎".

196) 상(商) 나라 정승[商霖]: 상림은 가뭄 때 내리는 흡족한 비. 상나라 고종(高宗)이 부열(傅說)을 보고 이르기를, "날이 가물면 당신을 장맛비처럼 삼겠다고 한데서 온 말이다. 『書經』 說命 上. "若歲大旱 用汝作霖雨".

五原當日失二天, 嗷嗷赤子多艱苦.
冶長無罪在縲絏, 欲訴哀情腸欲腐.
一失人和二氣戾, 旱甚殷家飢甚魯.
赤地千里圻龜文, 黃埃四塞迷天宇.
誰能釋怨格天心? 眞卿正直眞無伍.
聽訟猶人學夫子, 德澤及民傾召·杜.
政和贏得天地和, 樂只君子民之父.
獄裏初聞洩久冤, 野外已覺流膏乳.
甘霖洽處仁澤洽, 商羊舞時民爭舞.
浹我公田及我私, 麥穗歌聲喧萬戶.
百穀穰穰歲將登, 萬姓欣欣皆安堵.
三農一雨是誰力? 民曰御史功施普.
從來感應理不爽, 固知休祥人所取.
成湯昔日禱桑林, 如麻雨脚隨風縷.
顏公千載致佳雨, 所以令名垂千古.
嗟余十年學臥龍, 滿腹雷霆藏不吐.
風雲他日作商霖, 德洽輿情輔明主.

진(秦)나라를 황제로 받드는 일을 노중련(魯仲連)이 부끄러워하다 秦帝魯連耻

호경(鎬京)의 왕기[197]가 이미 쇠하고

오패(五霸)[198]가 망하면서 칠웅(七雄)[199]이 일어났네.

합종연횡[200]이 변하여 진(秦) 나라를 제왕으로 추존하려는 설이 나오니

거기에 쏠림에 누가 사람의 기강을 바로잡을까?

현명하다 사해 안에서 한 사람의 노중련(魯仲連)[201]이

---

197) 호경(鎬京) : 섬서성 서안시(西安市)의 남쪽에 있다. 무왕이 상나라를 멸하고 풍(酆)에서 이곳으로 도읍을 옮긴 이래 서주가 끝날 때까지 도읍으로 하였고, 이후 진나라 · 한나라 · 당나라 때까지 도읍이 되었다. 여기서 왕기는 주나라의 왕기로 유왕(幽王)이 견융에게 시해를 당하고 그의 아들 평왕(平王)이 낙읍으로 도읍을 옮겨 이를 동주(東周)라고 하였으니 이를 뜻한 말이다.

198) 오패(五霸) : 다섯 사람의 맹주. 주나라가 낙읍으로 도읍을 옮기면서부터 천자의 권위가 실추되고 각 제후들이 자기의 세력을 확대시키기 위하여 전쟁을 일삼으니 이른바 춘추시대가 되었다. 이때 이리해서는 안 된다고 실력 있는 제후가 나와 다시 주나라를 높이고 새로운 질서를 내세운 사람이 이른바 오패들이다. 곧 제환공 · 진문공 · 진목공 · 송양공 · 초장왕이다.

199) 칠웅(七雄) : 전국시대의 일곱 강국. 중국은 춘추시대가 접어들면서 서로 세력 확장을 위하여 싸우다가 약육강식이 됨에 결국에는 7개의 나라로 합쳐 세력을 유지하니 곧 진(秦) · 초(楚) · 연(燕) · 제(齊) · 한(韓) · 위(魏) · 조(趙)이다. 이들 역시 싸움을 일삼다가 진시황이 나와 진나라로 통일되었다.

200) 합종연횡 : 합종은 진나라를 제하고 6개국이 동맹하고 합하여 진나라에 대항하자는 논설. 소진(蘇秦)이 주장하였다. 연횡은 6개국이 합쳐진 나라를 제왕으로 받들자는 논설. 장의(張儀)가 주장하였다.

201) 노중련(魯仲連) : 전국시대 제나라 사람. 조나라 위나라를 설득하여 한단(邯鄲)에서 진나라의 야욕을 꺾었고 연나라의 장수를 설득하여 요성(聊城)을 다시 제나라에 돌려주게 하였다. 『史記』 八十三.

한 치의 혀로 대의(大義)를 잡았네.
당시에 진나라 군사 동으로 조나라를 쳐서
장평(長平)[202]에서 군사 몇 만 명을 묻어버렸나?
남은 위세 사방에 떨쳐 감히 구제하지 못하니
제후들은 담이 찢어져 부질없이 보고만 있네.
장군 신원연(新垣衍)[203]은 위나라에 의지한 바로
한단을 향해 가서 위왕(魏王)의 뜻을 받들었네.
진소왕을 높이는 일은 다만 진군(秦軍)을 물리치기 위함이지만
온 나라의 어떤 사람이 부끄러워하지 않으리.
선생이 강개한 말로 허물되는 일 멀리하니
기운은 무지개를 토하여 날아 신원연의 입에 들어갔네.
진나라의 속임수는 천하가 아나니
얼굴 대고 호소함에 이마에 땀도 나지 않았네.
전공(戰功)을 으뜸으로 삼고 예의는 없으니
진실로 오늘의 오랑캐일 뿐일세.
하루아침에 교만하게 큰 호령을 하게 되면
스스로 제멋대로 화도 내고 기쁨도 내리라.
창황하게 여러 만국은 주구(誅求)[204]에 피곤하고

---

202) 장평(長平) : 산서성 고평현(高平縣) 북서쪽에 있었다. 진나라 장수 백기(白起)가 조나라 조괄(趙括)의 군사 40만을 무찔러 묻은 곳이다. 지(指)는 노비를 세는 단위. 만지(萬指)는 곧 노비 천 명을 이르는 말이다. 『史記』 趙世家.

203) 신원연(新垣衍) : 전국시대 위나라의 객장군(客將軍). 조나라에 사신으로 가서 평원군의 부탁으로 조왕을 설득하여 진소왕(秦昭王)을 제왕으로 받들려 하다가 노중련의 반대로 실패하였다. 『戰國策』 趙策.

204) 주구(誅求) : 강제로 한없이 뺏거나 징수하는 일. 『左傳』 襄公 三十一年. "誅求不已".

사해의 사람들은 함께 진나라의 채찍으로 돌아가리라
의관문물은 모두 오랑캐의 풍속[左衽][205]으로 변하고
더러운 풍속은 온 나라를 향하여 입게 되리라
진과 양은 모두 만승의 나라인데
명분과 지위가 피차가 없음을 아노라.[206]
포위한 군사를 풀게하고 국경을 보존함이 중대한 일이나
다만 명분이 이로부터 무너질까 두렵도다.
망망한 동해에 돌아갈 곳이 있으니
내가 홀로 죽지 않고 무엇을 기다리겠나?
이해를 가지고 자세히 분석하니
몇 마디 말은 시비가 분명하였네.
신원연(新垣衍)은 귀를 대고 문득 깨달아
두 번 절하고 문득 천하의 고사(高士)라고 칭찬하였네.
아! 베옷 입은 서민도 오히려 분한 마음이 드는데
주왕에게 머리를 조아림이 어찌 비루한가?
밝은 대의는 일월처럼 걸려 있는데
한번 질서를 바로 잡은 관중(管仲)[207]만이 어찌 홀로 아름다운가?

---

205) 오랑캐의 풍속[左衽] : 좌임은 옷을 왼쪽으로 여미는 것이니 이는 오랑캐의 풍속이다. 『論語』 憲問. "微管仲 吾其被髮左衽矣".

206) 명분과 지위가 피차가 없음을 아노라 : 진나라나 위나라가 함께 만승의 큰 나라로 명분과 지위가 똑같아 피차가 없다. 그런데 조나라 수도의 포위로 인하여 진나라를 제왕으로 높이면 위나라는 진나라의 신첩(臣妾)만도 못하게 된다. 이렇게 되면 당신도 위나라에서 총애를 받는 신하가 되겠느냐? 나 노중련은 이렇게 되면 진나라의 백성은 되지 않고 동해로 가서 빠져 죽겠다는 말이다. 『史記』 魯仲連傳.

207) 관중(管仲) : 춘추시대 제나라 사람. 이름은 이오(夷吾). 시호는 경(敬). 제환공을 도와 존화양이(尊華攘夷)를 표방하여 패업(霸業)을 이루게 하였

높은 절의는 우주 사이에 뛰어나니
우리들이 우러러 높이는 일을 바랄 뿐일세.

鎬京王氣已衰歇, 五覇亡來七雄起.
縱橫變作帝秦說, 靡靡誰能正人紀?
賢哉四海一魯連, 一寸口舌扶大義.
當時秦兵東搏趙, 坑卒長平幾萬指?
餘威四振不敢救, 諸侯破膽空相視.
新垣將軍魏所倚, 却向邯鄲奉君旨.
尊秦只爲却兵謀, 擧國何人曾不耻.
先生慷慨相遠過, 氣吐長虹飛入齒.
秦人譎詭天下知, 面訢頑然頪不泚.
首功登崇禮義亡, 眞是方今戎狄耳.
一朝偃然建大號, 自任私心施慍喜.
蒼黃萬國困誅求, 嗷嗷四海歸鞭箠.
衣冠文物變左袵, 汚俗盡向寰區被.
秦·梁況是俱萬乘, 名位吾知無彼此.
弭兵保境雖所重, 只恐名分從玆毁.
茫茫東海有歸處, 我獨不死終何竢.
却將利害析毫釐, 數語分明非與是.
新垣屬耳便感悟, 再拜却稱天下士.

다. 곧 춘추시대 여러 제후들은 자기의 세력 확충에 전쟁만 일삼는데, 환공은 관중의 도움을 받아 새로운 질서를 만들어 주나라의 왕실을 높이고 이적을 물리치되 전쟁을 하지 않고 패왕으로서의 위세를 누려 천하의 질서를 바로잡으니 공자도 관중을 높이 평가하였다. 『論語』 憲問. “子曰 桓公九合諸侯 不以兵車 管仲之力也 如其仁如其仁”.

吁嗟布衣尙含憤, 頓首周王信庸鄙?
昭昭大義揭日月, 一匡管氏那專美?
高節軒軒宇宙間, 景仰煩敎吾輩企.

돌고드름 石髓

만첩의 신산(神山) 속 지축(地軸)과 통하여
깊은 곳에 서린 용 몇 백리던가?
꿈틀거리는 맑은 기운 멈출 곳 없어
시원한 바람은 푸른 바위 속으로 불어들었네.
굳은 돌 안팎으로 샐 수 없어
액체로 화하여 그 속에서 엉겨 고드름 되었네.
지극한 맛은 진실로 엿[玉飴][208]처럼 달고
뛰어난 빛은 완연히 청니(靑泥)[209]와도 같네.
예부터 신령한 것은 깊숙한 곳에 있어
한 조각을 복용하면 사람이 장생불사 한다네.
어찌 한밤중에 시해선(屍解仙)[210]이 될 뿐인가?
대낮에 하늘에 올라 신선이 되는 공은 가장 아름답다네.
단사(丹砂)와 적전(赤箭)은 모두 천한 약[轝儓][211]이요

---

208) 엿[玉飴]: 옥이는 엿의 미칭. 『抱朴子』 金丹. "夫飮玉飴則知漿荇之薄味".
209) 청니(靑泥): 신선이 먹는다는 식품. 『神仙傳』 王烈. "石中有一穴口 徑闊尺許 中有靑泥流出如髓".
210) 시해선(屍解仙): 육체는 남겨두고 혼백은 빠져나가 신선이 된 사람. 『神仙傳』 王遠. "今氣小肉多 不得上去 當爲屍解".
211) 천한 약[轝儓]: 여대는 노복 미천한 사람. 여기서는 미천한 약품. 곧 신

황정(黃精)이나 요초(瑤草)는 겨나 술지기미 같네.
옥황상제는 높이 앉아 지극한 보배를 사랑하여
칙사 선인을 보내어 속세의 사람을 막게 하네.
천년에 한두 번 동굴을 열도록 허락하지만
산이 깊고 길이 끊어져 찾아 볼 수 없네.
당시 땅에 사는 선인 왕언방(王彦方)[212]은
베옷에 버선 신고 가죽신 신고 산수 간에 늙어갔네.
갠 날 우레가 진동하고 하늘이 기우는 듯하더니
바위와 산이 울고 벼랑이 무너졌네.
지팡이 짚고 넘어지면서 석수를 찾으니
돌 틈에서 흘러나오는 기름 같아 기다리는 듯하였네.
기뻐서 손으로 집어 한번 먹어보니
단맛이 목에 넘어감에 찬 기운 이에서 생겼네.
평생 동안 사해 안에서 혜숙야(嵇叔夜)[213]는
취향이 오래 동안 왕언방의 기뻐하는 바 되었네.
곧 반을 나누어 혜숙야에게 주었더니
복용하고 거의 천년을 연장했네.
속세의 인연이 끝나기 전에 의심이 생겨

선이 되려면 단사 · 적전 같은 약을 복용해야 하는데 석수(石髓)는 선인이 되려는 사람에게 더없이 좋은 약이란 말이다.

212) 왕언방(王彦方) : 이름은 왕열(王烈), 자가 언방이다. 진(晉)나라 한단 사람. 황정과 연연(煉鉛)을 복용하여 383세를 살았다고 한다. 태행산에 올랐는데 바위가 갈라지면서 석수(石髓)를 얻어먹었다고 한다. 왕발(王勃)의 〈산정흥서(山亭興序)〉.

213) 혜숙야(嵇叔夜) : 진나라 사람. 왕열과 절친한 친구로 왕열이 석수를 얻어 반을 혜숙야에게 주었는데 이를 먹고 장수를 하였다고 한다. 『東坡志林』.

문득 단단한 돌은 쇠와 비교가 안 됨을 깨달았네.
초연히 함께 서서 불우한 신세 탄식하니
다만 삼생(三生)은 나눌 수 없기 때문일세.
암석과 산이 한번 합치면 어느 때 열릴까?
창창한 고목은 구름에 휩싸였네.
석수의 이름이 비록 있으나 사실은 증빙하기 어려우니
예부터 세상 사람들이 한갓 바랄 뿐일세.
그대는 이천(伊川)의 수민단(壽民丹)[214]을 보지 못했나?
다만 자기의 마음을 다하고 자기를 미루어 생각함에 있네.
뜻이 있는 자는 모두 배울 만하니
석수처럼 진기를 과시하면서 속이는 것과는 같지 않네.

神山萬疊鎭坤軸, 隱隱龍蟠幾百里?
蜿蟺淸淑無處着, 仙風吹入蒼巖裏.
堅頑內外泄不得, 融液中藏凝作髓.
至味眞同玉飴甘, 秀色宛與靑泥似.
從來靈異着幽徑, 一片令人長不死.
豈獨中宵尸解仙? 白日昇天功最美.
丹砂赤箭総輿儓, 黃精瑤草却糠粃.
玉皇高居憐至寶, 勅使仙靈防俗子.
千年只許一再開, 山深路斷無由視.
當時地仙王彦方, 布襪靑鞋老山水.
晴雷忽震天欲傾, 巖峀俱鳴崖岸圯.

214) 수민단(壽民丹): 백성을 살리는 약. 이천의 수민단은 미상.

杖藜顚倒爲搜訪, 石罅流膏若相俟.
欣然手取一咀嚼, 甘流喉吻寒生齒.
平生四海嵇叔夜, 志趣久爲君所喜.
旋將一半付相與, 服之庶得延千祀.
塵緣未盡遽生疑, 忽覺堅頑鐵難比.
悄然對立歎不遇, 只爲三生無分耳.
巖巒一合幾時開? 蒼蒼古木層雲委.
髓名雖在實難徵, 千古徒令人世企.
君不見伊川夫子壽民丹? 只在盡己兼推己.
苟有志者皆可學, 不似石髓誇瑰詭.

거문고를 부수다 破琴

대안도(戴安道)[215]가 당년 은거해 살던 곳에
차가운 강가에 초당을 지었네.
인간 만사 모두가 귀찮아서
다섯줄의 거문고 안고 복희씨(伏羲氏) 때를 마음으로 그렸지.
가난한 집에 사자(使者)가 오는 것을 보고 놀라서
무릎 아래에 있는 평생의 거문고를 부셔버렸네.
선생의 맑은 지조 빙설(氷雪)보다 더하여
한 세상 돌아봐야 마음 아는 자 없네.

---

215) 대안도(戴安道) : 진(晉) 나라 사람. 이름은 규(逵)이고 자가 안도이다. 성품이 고결하고 시문과 서화에 능하며 거문고를 잘 탔다. 여러 번 무제의 부름을 받았으나 끝내 벼슬하지 않았다. 『晉書』 九十四.

석 자 거문고로 오묘한 곡조 타내서
만고를 휘몰아 가슴 속에 간직했네.
양춘곡(陽春曲)·백설곡(白雪曲)[216]을 마음대로 희롱하고
북창 아래에서 한중음(閑中吟)[217]을 화답하였네.
고상한 심정 아이들이 알까 두려워서
수수한 관을 쓰고 동화잠(東華簪)[218]과 바꾸지 않았네.
번창한 왕자가 성악을 좋아하여
편지를 급히 보내 문 앞에 다다랐네.
은연중에 기산 영수(箕山潁水)[219] 높은 뜻을 굽혀서
화려한 집에 잠시 맹공(盲工)[220]을 대신하라하네.
광대들은 항상 간혜시(簡兮詩)[221]를 비웃지만
옛날의 고상한 음악을 어찌 정위(鄭衛)의 음탕한 노래와 함께 할까?
거문고는 예부터 그윽한 취미를 주는 것이어서

---

216) 양춘곡(陽春曲)·백설곡(白雪曲): 모두 전국시대 초나라의 고급 노래. 초나라 수도 영(郢) 땅에서 어떤 사람이 하리 파인(下里巴人)이라는 노래를 불렀는데 화답하는 자가 수천 사람이었고, 다음 양아 해로(陽阿薤露)를 부르니 화답하는 자가 몇 백 사람이었고, 양춘·백설의 노래를 부르니 답하는 자가 겨우 몇 사람이었다. 송옥(宋玉)의 〈대초왕문(對楚王問)〉.

217) 한중음(閑中吟): 송나라 소옹(邵雍)이 지은 가곡.

218) 동화잠(東華簪): 고급 관료들이 꽂는 비녀. 명청시대 중추의 관청이 동화문 안에 있었기 때문에 이른 말이다. 龔自珍의 〈送南歸者〉.

219) 기산 영수(箕山潁水): 하남성 등봉현(登封縣)에 있는 산과 내 이름. 소부와 허유가 은거하던 곳으로 유명하다. 여기서 높은 지조는 소부·허유의 벼슬을 하지 않은 지조를 말한다. 『讀史方輿紀要』.

220) 맹공(盲工): 상고시대에는 음악을 소경들이 주관하여 하였기 때문에 이른 말이다. 『列女傳』. "夜則令瞽誦詩 道正事".

221) 간혜시(簡兮詩): 시경의 편명. 위(魏) 나라의 어진 사람이 영관(伶官)으로 벼슬하여 어진자로 쓰이지 못함을 탄식한 시다. 『詩經』 邶風 簡兮序.

평생의 맺은 심정 거문고에 깊었노라
이름이 탈이 될 줄 누가 알았으리
오늘 거문고채를 버리니 심정을 가누기 어렵네.
평생에 깨끗한 지조 바꿀 수 없거니
내 어찌 세속과 더불어 같이 어울릴까?
지금 나를 부르는 것은 네(거문고)가 있기 때문이니
지난 것은 어쩔 수 없지만 오는 것도 그러할까?
서운하지만 역양(嶧陽)[222]의 거문고를 때려 부수니
흩어진 줄과 오리발 찾을 곳이 없네.
그 때에 사자(使者)만 놀란 것이 아니라
높은 지절은 천세에 오면서 흠앙하네.
거문고 타는 것이 어찌 대인(大人)의 일인가
기용되어 나가면 상(商)나라의 장마 비[223]도 만들 수 있네.
슬프다 무릉왕(武陵王)[224]은 참으로 용렬하여
작은 재주를 찾으려고 산림(山林)을 시끄럽게 하는가?
직접 와도 문 닫고 거절할까 두렵거늘
하물며 편지를 내어 권세로 침노함에 용납이 될까?
아름다운 풍기 간곳마다 유약한 자 격려하니

---

222) 역양(嶧陽) : 역산(嶧山)의 남쪽을 가리킴. 역산은 중국 산동성 추성(鄒城)시에 있다. 여기에는 특이한 오동나무가 나는데 거문고의 재료로 쓰인다. 『書經』 禹貢.

223) 상(商)나라의 장맛비 : 상나라의 고종(高宗)은 부열(傅說)을 얻어 정승을 삼고 이르기를, "만약 해가 크게 가물면 너로써 장맛비를 만들겠다고 하였다. 여기서는 대안도가 등용되면 부열처럼 정승이 될 자격도 된다는 말이다. 『書經』 說命 上. "若歲大旱 用汝 作霖雨".

224) 무릉왕(武陵王) : 진(晉)나라 사람. 원제의 아들. 이름은 사마희(司馬晞), 자는 도숙(道叔). 벼슬은 태재(太宰). 무릉왕에 봉해졌다. 『晉書』 六十四.

고상한 의기는 금하기 어려움을 생각해야지
붓을 적셔 파금시(破琴詩)를 읊고 나니
반창의 비낀 해에 매화 그늘 옮겨가네.

戴公當年嘉遯處, 茅齋開向寒江潯.
人間萬事摠不堪, 五絃却寓羲皇心.
蓬門驚見使者來, 膝下忽破平生琴.
先生雅操厲冰雪, 回首一世無知音.
絲桐三尺發要妙, 沂回萬古藏中襟.
陽春白雪隨意弄, 北窓聊和閑中吟.
高情常恐兒輩覺, 黃冠不換東華簪.
繁華帝子愛聲樂, 尺牘遽爾門前臨.
偃然欲屈箕·潁志, 華屋暫代盲工箴.
伶官常笑簡兮詩, 古調那偕鄭·衛淫?
琴兮曩昔寫幽趣, 百年托契於君深.
誰知名字反爲祟? 此日投撥情難任.
平生耿介不可回, 我豈與俗同浮沈?
如今召我爲汝在, 往者不諫猶來今?
愀然撞破嶧陽質, 飄散絃徽無處尋.
當時不獨使者驚, 高節嵬峨千世欽.
彈琴豈關大人事? 起來可作商家霖.
吁嗟武陵眞忘庸, 小技敢欲煩山林.
親臨尙恐閉門拒, 折簡況容權勢侵.
休風到處激慵懦, 緬想高義懷難禁.
濡毫詠罷破琴詩, 半窓斜日梅移陰.

산음(山陰)[225]의 초가 한 칸 山陰一茅宇

평생 호방한[四海][226] 하계진(賀季眞)[227]은
구월의 상쾌한 기상 눈썹 위에 떴네.
동화공(東華公)[228]은 그의 옷이 속 때 묻는 것 싫어서
오중(吳中)[229]으로 돌아가 산수의 주인이 되게 하였네.
초당을 회계(會稽)의 북쪽에 짓고
빼어난 산수는 그대가 십일, 오일로 거두었네.[230]
여생의 일은 안개 노을을 읊조리니
도연명의 맑은 바람 북창에 불어오네.
전년에 일찍 상제(上帝)의 자리에 객이 되어[231]
소매 속에 달 다듬는 도끼[修月斧][232]를 간직했네.

---

225) 산음(山陰) : 강소성 소주시에 있는 회계산의 북쪽을 말한다. 왕희지도 여기에 살았고 하지장도 여기에 살았다.

226) 호방한[四海] : 인기가 좋고 호방하여 교제가 넓은 사람. 〈金瓶梅詞話〉 七回. "也都來往 好不四海".

227) 하계진(賀季眞) : 당 나라 사람. 이름은 지장(知章), 계진은 자다. 호를 사명광객(四明狂客)이라고 하였다. 벼슬은 예부시랑 · 집현원학사였고 일찍부터 문사로 유명하였다. 이백과 절친하였다. 『舊唐書』 百九十.

228) 동화공(東華公) : 남자 신선의 명부를 관장한다는 신선 이름. 『神異經』 東華帝君.

229) 오중(吳中) : 강소성 오현 일대를 이르는 말.

230) 십일 · 오일로 거두었네 : 열흘에 한 줄기의 물을 그리고 닷새에 돌 하나를 그린다는 말. 곧 좋은 경관을 즐기고 감상한다는 말이다. 두보의 〈戱題王宰畵山水圖歌〉.

231) 상제(上帝)의 자리에 객이 되어 : 하지장은 언제인가 꿈속에 하늘로 올라가 상제의 곁에서 놀다가 깨어 자칭 도사(道士)라 칭하고 자기의 집을 천수관(千秋觀)이라고 하였다. 『新唐書』 賀智章傳.

232) 달 다듬는 도끼[修月斧] : 전설에 달은 칠보(七寶)로 장식 되어 인간 세상의 8만 2천호가 이 수리를 담당한다고 하였다. 수월부는 달을 수리하는

가슴의 회포는 호방하여 혜강(嵆康) · 완적(阮籍)[233] 도 작게 여기고
시율(詩律)은 청신하여 서릉(徐陵) · 유신(分信)[234] 보다 나았네.
풍류는 이로부터 세속의 모습을 벗어나
구름보다 높은 생각 누가 있어 짝하리.
맑은 취미는 승명전(承明殿)[235] 도 싫어했고
돌아가고 싶은 흥취는 장락궁(長樂宮)[236] 북소리에 놀랐네.
북궐(北闕)[237] 에서 처음으로 사퇴서를 내니
한 구비 경호(鏡湖)를 하사하여 황제의 은혜에 감격했네.[238]
산음에 느지막이 계응(季鷹)[239] 의 돛을 대니
낯익은 풍광이 더욱 아름답기만 하여라.
좋은 경치를 모두 거두어 은거할 곳으로 하니

도끼. 『酉陽雜俎』 天咫.

233) 혜강(嵆康) · 완적(阮籍) : 두 사람 모두 죽림칠현에 속한 사람. 혜강은 거문고를 잘 탔고 완적은 술을 좋아하였다.

234) 서릉(徐陵) · 유신(分信) : 서릉은 남조 진(陳)나라 사람. 노장과 불교를 좋아하였고 문장에 능했으며 석기린(石麒麟)이라는 칭호를 받았다. 『晉書』 二十六. 유신(分信)은 남조 양나라 사람. 문체가 곱고 아름다워 서릉과 병칭되었으며 유개부(分開府)로 알려졌다. 『周書』 四十一.

235) 승명전(承明殿) : 미앙궁 안에 있는 전각. 저술을 하는 사람들이 근무하던 곳이다. 〈三輔黃圖〉.

236) 장락궁(長樂宮) : 한나라 때의 궁전. 장안의 동남쪽에 있다. 후세에 궁전을 이르는 말로 쓰였다.

237) 북궐(北闕) : 궁전 또는 조정을 두루 이르는 말.

238) 한 구비 경호(鏡湖)를 하사하여 황제의 은혜에 감격했네 : 천보 3년에 하지장은 비서감으로 있다가 병으로 사직서를 내니 황제는 경호와 섬천(剡川)을 하사하였다.

239) 계응(季鷹) : 장한(張翰)의 자. 진(晉) 나라 사람. 낙양에서 동조연(東曹掾)을 지내다가 가을바람이 일어나자 고향의 오중(吳中)에서 즐겨 먹던 순채와 노어회(鱸魚膾)의 생각이 나서 고향으로 돌아갔다. 여기서는 하지장도 고향 생각이 나서 고향으로 돌아갔다는 말이다. 『晉書』 文苑傳.

어찌 황관(黃冠)[240]을 벗고 구슬 띠와 바꾸리.
많은 바위 산 그림은 비단병풍보다 낫고
만학(萬壑)의 생황소리 양부(兩部)[241] 음악보다 좋아라.
십리의 맑은 물결 경호(鏡湖)의 가을 하늘엔
물속에 잠긴 봉우리 똑똑히 헤이겠네.
고요한 밤 외로운 학 처마의 소나무 소리에 놀라고
초저녁 고깃배는 포구로 돌아가네.
조용히 거닐면서 세속 밖 취미를 오래도록 즐기니
조물주가 많이 가졌다고 시기하는 듯
하루아침에 옥황상제 곁으로 가니
전날의 풍류를 어디서 다시 보리.
차가운 소나무는 소리만 전하고 옛집은 비었는데
처마 밖의 흰 구름 흰 날개와도 같네.
호산(湖山)은 무색하게 옛 정을 머금은 듯
하물며 나는 그대 생각에 심히 괴롭네.
바람 맞으며 묵은 풀에 눈물 뿌리니
지난 일 처량하여 견딜 수 없네.

平生四海賀季眞, 九秋爽氣浮眉宇.
東華剛厭化衣塵, 歸作吳中山水主.
茅齋寄在會稽陰, 奇秀君應收十五.
餘生嘯咏付煙霞, 元亮淸風來北戶.
昔年曾作帝京客, 袖裏深藏修月斧.

---

240) 황관(黃冠) : 도사가 쓰는 관. 구슬 띠는 벼슬한 사람이 띠는 띠.
241) 양부(兩部) : 음악의 입부(立部)와 좌부(坐部). 소식의 〈游武昌寒溪西山寺〉.

襟期放達小嵇·阮, 詩律淸新誇徐·庾.
風流自是拔俗標, 凌雲遐思人誰伍?
淸光元自厭承明, 歸興每驚長樂鼓.
北闕初上乞骸書, 一曲湖感君恩普.
山陰晩落季鷹帆, 識面風光增媚嫵.
已收勝景作菟裘, 肯把黃冠換簪組?
千巖活畵勝錦屛, 萬壑笙簧當兩部.
澄波十里鏡秋天, 倒影峰巒明可數.
淸宵獨鶴驚簷松, 薄暮漁帆歸極浦.
逍遙長管物外趣, 任使造物猜多取.
一朝歸侍玉皇案, 昔日風懷那復覩?
寒松傳韻舊廬空, 簷外白雲如白羽.
湖山無色似含情, 況我思君懷正苦.
臨風一灑宿草淚, 往事凄凉不堪撫.

구름과 모래를 즐기며 사는 것이 참된 부귀라
雲沙眞富貴

호산(湖山)의 언덕에 깊은 곳 찾아가니
담박한 심사 동료도 떠나 외로이 사네.
강은 흐르고 들은 넓어 시야가 시원하니
보이는 만상은 서기가 어렸도다.
하늘이 나에게 세상 밖 승경을 주시니

십리에 옥 같은 모래 무심한 구름이라
끝없는 경광을 소후가(素侯家)[242]에 보내니
세상의 쟁탈은 시끄럽기만 하네.
한단(邯鄲)의 부귀 꿈 무엇 때문에 말하나?
석숭(石崇)의 금곡(金谷)과 같고 능연각(凌烟閣) 훈신(勳臣)과
같네.[243]
어제 밤 강남에 비가 처음 개이니
먼 산의 푸른 빛 강물에 비치네.
그늘진 계곡 아침에 구름이 피어나니
한 조각 두 조각 이었다가 떨어지네.
날아와서 물가에 흩어지니
모래는 흰 비단이요 구름은 비단 무늬라
맑기는 고당(高唐)[244] 선녀 꿈에 본 사람의
눈 같은 살결 가벼운 속옷 향라군(香羅裙)과 같네.
깨끗함은 요지(瑤池)의 잔치[245] 처음 파하고
은 병풍 옥 휘장이 석양에 비치는 듯

---

242) 소후가(素侯家) : 작위 · 녹봉 · 봉토가 없으면서 왕이나 제후에 견줄만한 생활을 하는 사람. 소식의 〈和劉長安題薛周逸老亭〉. "雖辭功與名 其樂實素侯".

243) 석숭(石崇)의 금곡(金谷)과 같고 능연각(凌烟閣) 훈신(勳臣)과 같네 : 석숭은 진나라 사람. 상인의 재물을 갈취하여 금곡에 별장을 짓고 사치스럽게 살았으나 조왕 윤(趙王 倫)에게 살해되었다. 능연각은 당태종이 공신들의 화본을 비치한 곳. 모두 시간이 흐르면 잡초만 무성하여 부귀영화가 거품 같다는 말이다.

244) 고당(高唐) : 전국시대 초나라에 있던 누대 이름. 초양왕(楚襄王)이 무산 선녀를 만나는 꿈을 꾼 곳이다. 송옥(宋玉)의 〈高唐賦序〉.

245) 요지(瑤池)의 잔치 : 요지는 곤륜산에 있는 전설상의 연못. 곧 서왕모가 주목왕을 만나 잔치를 베푼 곳이라고 한다. 〈穆天子傳〉 三.

장풍이 불어 창공을 쓸어버리면
구슬 같은 주루(朱樓)에 물결만 넓네.
무궁한 물색들이 각각 기이함을 자랑하니
백주(白酒)를 마신 뒤에 취기가 오르네.
번화하고 곱기는 속세와 다르니
조물주가 나에게 줌에 왜 이리 은근히 좋은가?
반랑(潘閬)[246]의 삼봉(三峰)은 있는 듯 없는 듯
망천(輞川)에서 모신 노인 나(松坡公)는 그대(王維)를 웃었노라.[247]
누구의 정자가 금빛 푸른빛이 빛나는가?
비단 장막 수놓은 휘장 사향 향기 풍기네.
명예를 다투고 낙(樂)을 취하는 일 바둑 두기 같아
번복하는 백 년에 공연히 감회만 기쁜 일.
초가의 처마에 제비 앉으니 조용한 취미 족하고
때로는 죽장을 평사(平沙) 언덕에 끌어보네.
구름과 모래 위에 참다운 나의 거처 마련하니
항상 세간의 아이들이 들을까 두렵네.

幽棲身世湖山隈, 淡泊襟韻曾離群.
江平野濶眼界饒, 望裏萬像俱氛氳.
天公假我物外勝, 十里玉沙無心雲.
無盡都輪素侯家, 世間爭奪徒紛紛.

---

246) 반랑(潘閬): 송나라 사람. 자는 미상. 산수를 좋아하였다. 반랑(潘閬)의 〈觀華山〉. "高賞三峰揷太虛 (東坡詩集註)潘閬畵入三峯圖".

247) 망천(輞川)에서 모신 노인 나(松坡公)는 그대(王維)를 웃었노라: 망천은 왕유의 별장이 있는 곳. 망천도 좋다고 하지만 내가 보기에는 구름과 모래가 아름다운 이곳이 더 좋다고 생각된다고 말한 것이다.

邯鄲富貴何足道? 石家金谷凌烟勳.
江南昨夜雨初霽, 遠山濃翠侵江濆.
陰崖朝噴擘挐出, 一片二片連復分.
飛來漸向渚邊散, 沙是白錬雲是紋.
淡如高唐夢裏人, 雪膚輕襯香羅裙.
皎如瑤池宴初罷, 銀屏玉帳明斜曛.
長風驅盡廓一空, 瓊琚珠樓波沄沄.
無窮物色各呈奇, 白酒酌罷仍微醺.
繁華淸麗異塵俗, 造物與我何慇懃?
潘閬三峰似有無, 輞川侍翁吾笑君.
誰家亭榭耀金碧? 錦幕繡幃闌麝薰.
爭名取樂弈棋間, 翻覆百年空感欣.
茅簷燕坐幽趣足, 竹杖時曳平沙垠.
雲沙眞作我菟裘, 長恐世間兒輩聞.

비둘기가 붕새를 비웃다 鷽鳩笑大鵬

창창한 하늘 구만리에
회오리바람 속에 있는 새 대붕(大鵬)이라 이름 하네.
울타리의 비둘기들 비웃는데도
장한 뜻 이로 인해 증감(增減)이 있으랴
북해의 곤어(鯤魚)[248]가 변하여 물을 치고 나오니

---

248) 곤어(鯤魚) : 상상의 큰 물고기. 북쪽의 바다에 있으며 때로 변하여 붕새가 된다고 한다. 『莊子』 消遙遊. "北溟有魚 其名爲鯤".

하늘 덮는 큰 나래 구름과 함께 오르네.
망망한 팔방을 단숨에 날고
넓게 쌓인 대기(大氣) 치고서 올라가네.
날개는 태양[陽烏][249]을 가리고 등은 하늘을 스치니
곤륜산을 내려 보면 작은 언덕 같네.
희화(羲和)[250]는 해 곁에 있다가 어쩔 줄 모르고
큰 자라는 산을 치고 봉우리를 꺾어버리네.[251]
남쪽으로 가려 시도하여 여섯 달에 한번 쉬니[252]
만물 가운데 나를 따를 자 없다고 자신하네.
작은 비둘기 어디서 손가락질하고 비웃느냐
나는 의기를 자랑하는 듯하네.
비둘기는 나뭇가지에 앉고 땅에 앉아도 즐겁고 기쁘기만 한데
무엇하러 날개 들고 구름 위로 오를까?
숲속에 집 지을 때 한 가지면 족하거니
몸을 용납함에 천지를 기대하지 않아도 할 수 있네.
부질없이 좋은 날개 길고 크다 자랑하며

---

249) 태양[陽烏]: 양오는 태양 속에 산다는 세 발 달린 까마귀. 뒤에 태양을 가리키는 말로 쓰였다. 『文選』 左思 蜀都賦.

250) 희화(羲和): 전설상의 해를 모는 신. 『楚辭』 離騷. "吾令羲和弭節兮 (王逸注)羲和 日御也".

251) 큰 자라는 산을 치고 봉우리를 꺾어버리네: 옛 사람들은 자라가 산을 이고 있다고 생각하였다. 여기서는 붕새가 날매 자라가 놀라 산을 쳐서 봉우리를 꺾어 낮게 한다는 말이다. 『玄中記』. "巨鰲以背負山 周迴千里".

252) 남쪽으로 가려 시도하여 여섯 달에 한번 쉬니: 붕새는 바다가 움직이면 남쪽 바다로 옮겨 가는데 6개월 만에 한번 쉰다고 하였다. 『莊子』 逍遙遊. "去以六月息者也".

회오리바람 타고 한번 쳐서 천문(天門)까지 오르네.
나는 숲 아래서 잘 먹고 잘 마시며
짧은 턱 약한 날개 때로 날기도 함을 (붕새가) 어찌 아나?
저렇게 날아오른들 무슨 소용 있으랴?
황홀하여 한갓 우리들의 미움만 사지
아! 세상의 물리(物理)가 다 이러하니
크고 작은 만 가지의 다른 점 끝이 없도다.
우물 안 개구리가 동해를 어찌 알며
여름의 벌레는 겨울 파리를 의심할 뿐이지.
쑥대밭과 높은 하늘은 본래 같지 않으니
비둘기가 함부로 웃는 일 어찌 탓하랴?
붕새여 붕새여 잘 있을지어다
늙은 나의 긴 한숨 너로 인해 이는구나.

蒼蒼天宇九萬層, 有鳥扶搖名大鵬.
藩籬縱彼鷽鳩笑, 壯氣肯因渠損增.
北溟鯤化擊水破, 垂天大翮連雲騰.
茫茫八極一翻飛, 浩浩積風搏可乘.
翼蔽陽烏背磨天, 昆崙下視如丘陵.
羲和倚日失拱御, 巨鰲抃山摧嶒崚.
圖南六月始一息, 自信物中無我朋.
微禽何處强指笑? 翺翔意氣如誇矜.
搶榆控地可娛嬉, 安用擧翼雲霄凌?
巢林只是一枝足, 容身不待天地能.
謾將逸翰詫長大, 奔飇一鼓天門登.

何知林下好飮啄, 短頷弱羽時飛昇.
騰騫如許有底事? 恍惚徒令吾輩憎.
吁嗟物理固如此, 巨細萬殊窮未曾.
井蛙元不識東海, 夏虫自是疑冬蠅.
蓬蒿霄漢本不同, 鸞鳩妄笑何足憑?
鵬兮鵬兮好自在, 老夫長歎因爾興.

잠든 해당화 睡海棠

침향정(沉香亭)[253] 속에 봄날이 긴데
잠에서 깬 양태진(楊太眞)[254]이 지워진 화장 고치네.
간밤의 술기운에 신기(神氣)가 피로한데
머리는 반만 올리고 수놓은 평상에 노래하네.
다정한 천자가 너무도 사랑하여
고운 얼굴은 해당화에 비하였네.
곱고 고운 해당화 옥섬돌에 기대어
밤비 속에 붉은 송이 벌어져 꽃 수술 깊네.
가지는 가늘고 꽃은 무거워 다소곳이 숙이니

---

253) 침향정(沉香亭) : 서안 화청궁(華淸宮)에 있는 정자 이름. 당 현종과 양귀비가 즐겨 놀던 곳이다.

254) 양태진(楊太眞) : 양귀비의 호. 초명은 옥환(玉環). 당 현종이 불러들여 총애하고 귀비로 책정하였다. 안록산이 반란을 일으키자 황제는 피난길에 올라 마외파(馬嵬坡)를 지나는데 군사들이 양귀비와 양국충(楊國忠)을 죽여야 싸우겠다고 하여 국충을 죽이고 귀비를 교살하였다. 『舊唐書』 五十一.

너무도 고운 모습 인간의 향기 아닐세.
정자 안의 귀비는 선골(仙骨)이 살쪄서
나약한 몸은 비단치마 이기지 못하는 듯
두 볼의 술기운 연지를 찍은 듯
오래 앉아 조는 흔적 눈가에 서려있네.
맑은 향기 예쁜 태도 서로 어울려
고운 자질 꽃다운 자색 장단점이 없네.
군왕은 여기 빠져 만 가지의 정무를 잊고
날마다 놀고 즐겨 황망(荒亡)한데 이르렀네.
궁중에서 사슴이 꽃을 물고 감이 괴이할 것 없고[255]
어양(漁陽)[256]의 기병들 분주하게 날뛰었네.
왕업(王業)은 도리어 봄잠 속에 부서지니
취화(翠華)[257]가 서쪽으로 감에 왜 그리 창황한가?
꽃다운 넋 홀연 마외역(馬嵬驛)[258]의 티끌 되니
소식 전하는 말도 두 줄기 눈물 금할 수 없네.
고궁에 돌아오니 적막에 잠겼는데

---

255) 궁중에서 사슴이 꽃을 물고 감이 괴이할 것 없고 : 당 명황 때 민간에서 모란꽃을 바쳤는데 황제가 감상하기 전에 사슴이 물고 사라졌다. 좌우에서 상서로운 일이라고 아뢰니 황제는 궁중에 들 사슴이 노는 것은 상서롭지 못하다고 하였다. 몇 해 안가 안록산의 반란이 일어났다. 『事文類聚』 後集 三十 花卉部 牧丹.

256) 어양(漁陽) : 천진시 계현(薊縣)에 있다. 당나라 때 안록산이 처음 반란을 일으킨 곳이다. 백거이(白居易)의 〈장한가(長恨歌)〉.

257) 취화(翠華) : 천자의 의장. 『文選』 上林賦.

258) 마외역(馬嵬驛): 섬서성 흥평현(興平縣)에 있다. 안사의 난 때 당 현종이 촉으로 피난 가다가 잠시 머문 곳으로 이곳에서 양귀비가 죽었다. 이상은(李商隱)의 〈馬嵬〉.

뜰에 가득 봄꽃들 향기만 더하는구나.
봄바람에 해당화 혼도 돌아올 수 있을까.
별빛만 전날처럼 위아래에서 비추네.
(양태진은) 군왕의 은혜 갚지 못한 한 덩이 고기라
끝났네! 화려한 침실[溫柔鄉[259]] 다시 이룰 수 없네.
꽃은 무정하여 말이 없으니
바람결에 눈물 뿌리면서 공연히 방황하네.
그 때의 졸던 태도 어찌 다시 보려나?
말없이 짝이 되어 창자만 녹았네.
삼파(三巴)[260]의 피난 고생 후회할 여가 없이
오직 이 한만은 끝내 잊지 못하겠네.
고소대(姑蘇臺) · 결기각(結綺閣) 나라 망한 거울이거늘
끝내 깨닫지 못하니 참으로 음황(淫荒)하다
풍류의 한 말로 전설을 전하니
이름난 꽃[양태진] 지금도 빛을 더하네.

沉香亭畔春日永, 太眞睡起扶殘粧.
宿酒微醺神氣倦, 半躬雲鬟歌繡床.
多情天子酷種愛, 却指嬌容方海堂.
海棠姸姸倚玉砌, 夜雨催綻深紅房.
枝纖花重互低垂, 濃艷不是人間香.

---

259) 화려한 침실[溫柔鄉] : 온유향은 미모의 여인이 미혹시키는 곳을 말한다. 〈조비연외전(趙飛燕外傳)〉.

260) 삼파(三巴) : 사천(四川) 지방을 이르는 말. 안록산의 난에 당 명황이 이 곳으로 피난하였다. 〈巴陽夜泊〉. "獨棹三巴夜".

亭中妃子仙骨肥, 體弱不勝雲錦裳.
雙喎酒暈似渥丹, 坐久睡痕猶滿眶.
淸香眞態正相稱, 麗質芳姿難短長.
君王重此萬機輕, 日日遊樂成荒亡.
宮中未怪鹿含花, 漁陽鐵騎紛騰驤.
盛業還隨春睡破, 翠華西路何蒼黃.
芳魂忽作馬嵬塵, 信馬不禁雙涕滂.
歸來故宮鎖寂寞, 滿階春物還芬芳.
東風能返海棠魂, 星紅依舊相低昂.
君恩未報一塊肉, 已矣無復溫柔鄕.
花自無情不解語, 臨風灑淚空彷徨.
當年睡態那可見? 脈脈相伴潛消腸.
三巴辛苦未暇悔, 惟有此恨終難忘.
姑蘇·結綺有明鑑, 始終不誤誠淫荒.
風流一語尙傳說, 名花至今生輝光.

당경(唐垌)[261]의 옛 살던 곳을 지나면서 過唐垌舊居

댕댕이 우거진 큰 나무 옛 언덕길에
지는 해 우는 까마귀 들 안개 머물렀네.
옛 현인의 남긴 자취 물을 곳 없고

261) 당경(唐垌) : 송나라 사람. 왕안석의 신법을 찬동하여 숭문교서(崇文校書)가 되었다.

눈앞의 물색은 모두 옛 것이 아닐세.
아득히 먼 생각 천추의 옛날로 올라가니
충직함은 누가 선생의 오른쪽에 거할까?
한 마디 말로 노인의 간담을 서늘하게 하니
충직의 명예를 취하여 우주에 빛나네.
당년에 양생(養生)을 잘하여 이 잔치에 있게 되니
가슴 속에 간직한 학문 날로 부함을 알았네.
세상을 구제하는 재주는 헛되이 늙음을 싫어하여
명광전(明光殿)을 향하여 삼부(三賦)[262]를 올렸네.
조정에서 한번 간의(諫議)의 임명장 받으니
화씨(和氏)의 구슬[263]이 이로부터 팔렸네.
대신의 반열[鵷班][264]에 옥처럼 서는 것이 어찌 구차할까?
우리 군주를 요순 같은 군주로 만들기 원함에
종산노자(鍾山老子)[265]는 일이 다시 확장되어
방전법(方田法)·보갑법(保甲法)[266] 분분함이 비 오듯 하였네.
현명한 변론으로 현명하고 능력 있는 자에게 맡기려다
도리어 노성한 사람을 고루하다 비난했네.
충량의 참된 사람 물리치고 간흉을 등용하니

---

262) 삼부(三賦): 세 가지의 세금. 곧 조(租)·용(庸)·조(調)를 이른다.
263) 화씨(和氏)의 구슬: 변화(卞和)의 옥. 천하의 귀중한 보배다. 여기서는 두보의 문장을 비유한 말이다. 『韓非子』和氏.
264) 대신의 반열[鵷班]: 원반은 조정의 대신의 반열을 이른다.
265) 종산노자(鍾山老子): 왕안석을 이르는 말. 왕안석은 만년에 종산서원(鍾山書院)에서 복건자(福建子)라는 3자를 많이 썼다. 『史要聚選』奸凶.
266) 방전법(方田法)·보갑법(保甲法): 왕안석이 제창한 신법 중의 두 가지. 『宋史』食貨志.

나랏일은 분명히 큰 오류로 돌아가네.
선생의 옛 수염 홀로 강개한 마음 가져
관을 찌르는 머리 서고 두 눈썹 찡그려지네.
간흉을 죽임에 상방검(尙方劍) 쓰지 않고
스스로 풍상(風霜) 있어 소매에 간직했네.
궁궐 앞에서 피를 뿌리는 말을 아뢰니
본래 자신은 나라에 허락한 몸 자신만을 건질까
간웅은 베지 못하고 뼈가 먼저 차가워지니
바뀐 혼 후예(后羿)의 법도에 노네.[267)]
가시문에서 사람은 못 보고 빈 터만 있어
바람이 보리에 불어옴에 늘어지게 자랐네.
사람들 누가 망양지탄(亡羊之歎)[268)]을 말했나?
세상을 덮는 높은 이름 그대가 홀로 유지하네.

蒼藤喬木古原路, 落日啼鴉野煙逗.
昔賢遺跡問無憑, 眼前物色都非舊.
悠悠遐想溯千秋, 忠鯁誰居夫子右?
一言曾破老肝膽, 留取直聲軒宇宙.
當年怡養此宴居, 種學胸中知日富.

---

267) 바뀐 혼은 후예(后羿)의 법도에 노네 : 후예는 유궁(有窮)이라는 나라의 왕. 그는 활을 잘 쏘는 명수였다. 뒤에 활을 쏘는 일은 그의 법이 표준이 되었다. 여기서는 당경(唐堈)의 죽은 혼도 다른 사람의 혼에 모범이 될 것이라는 말이다. 『書經』 五子之歌.

268) 망양지탄(亡羊之歎) : 학문의 길이 여러 갈래로 진리를 찾기 어려움을 비유한 말. 어떤 사람이 양을 잃고 찾다가 갈림길에서 간 곳을 몰라 그냥 잃어버렸다는 말이다. 『列子』 說符.

才高濟世厭虛老, 三賦却向明光奏.
彤墀一拜諫議疏, 和璧庶幾從玆售.
鵷班玉立豈苟然, 願言堯·舜吾君后.
鍾山老子事更張, 方田保甲紛如雨.
惟將儇辨任賢能, 反指老成譏固陋.
忠良屛去奸諛登, 國事分明歸大謬.
先生舊髯獨慷慨, 衝冠髮竪眉雙皺.
誅奸不用尙方劒, 自有風霜藏滿袖.
殿前一奏瀝血辭, 本自許國身遑救!
奸雄未誅骨先寒, 遞魄況如遊羿彀.
柴門不見但遺墟, 風翻野麥離離秀.
賢愚誰道摠亡羊? 盖世高名君獨壽.

십리의 연꽃 十里荷花

오나라의 좋은 경관 천하에 드문데
아름다운 임안(臨安)[269]은 사람마다 자랑하네.
둘러싸인 산하는 서울의 장관을 이루니
남역(南驛)[270]의 옛 집을 생각할 마음 없었네.
서호(西湖)의 풍경은 별다른 세계인데
차가운 거울 호수 속에 부용화 가득하네.

---

269) 임안(臨安) : 절강성 항주시에 있었다. 남조시대의 수도였다.
270) 남역(南驛) : 미상.

천 명의 수선(水仙)들 단장을 마치고
우아한 걸음 물에 비쳐 사치를 다투네.
펼쳐진 비단옷은 보기에도 어리고
한 줄기 가을빛에 늦은 노을 찌는 듯
화려한 누각이 호숫가에 의지하니
버들의 그늘 느티나무 그림자 서로 닿았네.
채련곡 부르는 곳에 연밥도 희롱하고
난초 그린 노(櫓) 반은 마름 위 바람에 비끼었네.
가을바람 찬 이슬 계수나무 가을에
달 아래 맑은 향기 원근에 풍기네.
관현악의 음악 소리 태평춘(太平春)을 노래 할 때
무수히 노는 사람들의 수레가 이어지네.
강남에서 다행히 국토[金甌][271]를 보존하니
하늘가에 변주(汴州)[272]는 잊은 지 오래라
중원에는 헛되이 한궁(漢宮)의 위의(儀威)를 바라지만
천자의 구묘(九廟)에 풀은 우거지고 오랑캐의 먼지 속 가렸네.[273]
흥하고 쇠하는 일 운수에 관계되니 사람이 어찌하랴?
원수를 갚자는 상주문(上奏文) 시끄럽기만 하네.

---

271) 국토[金甌] : 금구는 국토를 이르는 말. 『南史』 朱異傳. "我國家若金甌 無一傷缺".

272) 변주(汴州) : 하남성 개봉(開封)의 북서쪽에 있다. 여기서는 중원 땅을 이르는 말로 보인다.

273) 천자의 구묘(九廟)에 풀은 우거지고 오랑캐의 먼지 속 가렸네 : 진(晉)나라가 망한 후 강남에는 남조(南朝)가 있었지만 강북의 북조에는 이적들의 전쟁만 성하여 옛날 한나라의 문물제도는 볼 수 없고 천자의 사당에는 잡풀만 무성하여 전진(戰塵)에 가려졌다는 말이다.

남은 남쪽대로 북은 북쪽대로 원하는 바는
명승지에서 (제왕들이) 놀고 즐겨 그릇치지 말기를
새 가사 엮어내어 눈앞에 좋게 하며
묘한 시는 미인들의 입으로 노래 부르게 하네.
번화한 생활은 오랑캐의 마음을 선동하여서
오랑캐의 채찍은 바로 먼 오나라 산천을 엿보네.
기쁘던 일도 창황하게 되면 어찌할 수 없나니
황하 가의 전골(戰骨)은 삼대같이 쌓였네.
연꽃이야 처음부터 적국을 불렀으랴마는
조정에 본래 충언가모(忠言嘉謀)가 없었기 때문이라
적과 하늘을 같이하고 신하의 마음이 편했던가!
모욕을 초래한 일 네[後主]가 아니고 누구인가?
편벽되게 편하다고 조석으로 유락만 즐기니
남으로 건너온 군신들 진실로 탄식만 하네.[274)]
진교(陳橋)[275)]의 왕기(王氣)가 여기에서 끝났으니
남긴 유적은 부질없이 추강(秋江)의 연꽃에 얽히었네.

---

274) 남으로 건너온 군신들 진실로 탄식만 하네 : 서진이 호족들의 발호에 망하고 귀족들이 강을 건너 남으로 내려와 동진을 세웠다. 그러나 얼마 안가 강남에는 다시 송 · 제 · 양 · 진의 새로운 왕조가 바뀌었다가 진후주(陳後主)에 이르러 유락만 일삼으니 여러 군신들이 잘못되어 감을 탄식한 것이다.

275) 진교(陳橋) : 역 이름. 하남성 개봉시(開封市)의 북동쪽에 있다. 이곳은 송태조 조광윤(趙匡胤)이 병변을 일으켜 황제의 위에 오른 곳이다. 여기서는 진고조(陳高祖)의 개국을 이른 말이다. 『宋史』 太祖紀.

吳中形勝九州稀，佳麗臨安人最誇.
山河簇擁壯帝居，南驛無心思舊家.
西湖風景別一區，寒鏡十里芙蓉花.
水仙千隊靜粧罷，凌波照影爭華奢.
平鋪雲錦望中迷，一抹秋光蒸晚霞.
紅樓畵閣倚湖潯，柳陰槐影相交加.
採蓮歌處弄荷珠，蘭槳半帶蘋風斜.
金風玉露桂子秋，月下淸香飄邇遐.
繁絃寶管太平春，續堤無數遊人車.
江南猶幸保金甌，念斷汴州天一涯.
中原虛望漢宮儀，九廟草合胡塵遮.
興衰關數豈人事？雪讎章奏徒紛拏.
南南北北乃所願，勝地莫敎歡意差.
新詞翻出眼前好，妙韻一唱倩人牙.
繁華惹起羯奴心，胡鞭直指吳山賒.
恬憘無乃事蒼黃，河邊戰骨空如麻.
荷花初豈敵國媒，人謀自是無忠嘉.
共天能安臣子心！召侮非爾將誰耶？
偏安朝夕且爲樂，南渡君臣良足嗟.
陳橋王氣此消歇，遺跡謾結秋江葩.

송파유고 부록

송파 임공 세보 松坡林公世譜

8세조 휘 언수(彦脩)[호는 계헌(桂軒). 벽상삼한삼중대광(壁上三韓三重大匡)[276] 평성부원군(平城府院君). 시호는 충정공(忠貞公)이다.]

7세조 휘 성미(成味)[광정대부(匡靖大夫) 삼사우사(三司右使). 상호군(上護軍). 시호는 충간공(忠簡公)이다.]

6세조 휘 상양(尙陽)[조선에 들어와 절충장군(折衝將軍)으로 지훈련관사(知訓練觀事) 상장군(上將軍)을 지냈다.]

5세조 휘 첨(襜)[증통훈대부(贈通訓大夫) 사복시정(司僕寺正) 행사온서직장(行司醞署直長)이다.]

고조 휘 종직(從直)[증통정대부(贈通政大夫) 병조참의(兵曹參議) 행충청도 수군 우후(行忠淸道水軍虞侯)이다.]

증조 휘 만근(萬根)[자는 불발(不拔). 증가선대부(贈嘉善大夫) 이조참판(吏曹參判) 행통훈대부(行通訓大夫) 예빈시(禮賓寺) 첨정(僉正)이다.]

---

276) 벽상삼한삼중대광(壁上三韓三重大匡) : 고려 때 문관의 정1품 품계. 원래는 벽상삼한(壁上三韓) 또는 삼중대광(三重大匡)이라 칭하던 것을 공민왕 11년에 둘을 합하여 이 이름으로 하였다.

조고 휘 준(畯)[자는 주경(周卿). 문과(文科) 급제 후 장수로 천거되어 가선대부(嘉善大夫) 북도병마절도사(北道兵馬節度使) 겸 경성도호부사(鏡城都護府使)가 되었다.]

고 휘 정수(貞秀)[자는 사성(士成). 가정(嘉靖) 병오(1546)에 생원(生員)이 되고 증통정대부(贈通政大夫) 좌승지(左承旨) 행형조좌랑(行刑曹佐郎) 청양현감(靑陽縣監)이다.]

송파공 연보 松坡公年譜

기해(己亥)(중종 34년 1539) 9월 17일 해시(亥時)에 나주 송현(松峴)의 옛집에서 태어났다.

계묘(癸卯)(공 5세 1543) 중부(仲父) 금호공(錦湖公)에게 수학하였다.

정미(丁未)(명종 2년 공 9세 1547) 중부(仲父) 금호공이 사화(士禍)의 화를 만났다.

무신(戊申)(공 10세 1548) 조고(祖考) 절도사공의 상(喪)을 만났다.

기유(己酉)(공 11세 1549) 재종조(再從祖) 삼청당(三淸堂)에게 수학하였다.

경술(庚戌)(공 12세 1550) 타고난 자질이 영민하고 시(詩)로써 이름이 알려졌다.

계축(癸丑)(공 15세 1553) 문장이 날로 진척되었다.

을묘(乙卯)(공 17세 1555) 해주 최씨(海州崔氏) 태안공(泰安公) 제운(霽雲)의 가문과 혼인하였다.

병진(丙辰)(공 18세 1556) 제 일자(一子) 참의공 득인(得仁)이 태어났다.

무오(戊午)(공 20세 1558) 제 이자(二子) 평성군(平城君) 득의(得義)가 태어났다.

기미(己未)(공 21세 1559) 재주와 덕, 그리고 문장이 크게 알려져 당시의 여러 이름 있는 자들이 모두 나이를 따지지 않고 더불어 교제하였다.

경신(庚申)(공 22세 1560) 부인 정경부인 최씨(崔氏)의 상을 만났다.

신유(辛酉)(공 23세 1561) 창원 유씨(昌原兪氏) 참판공(參判公) 필의(必毅)의 가문에 재취(再娶)하였다.

갑자(甲子)(공 26세 1564) 사마시(司馬試)에 합격하니 율곡선생 방(榜)의 2등이었다.

을축(乙丑)(공 27세 1565) 제 삼자(三子) 득례(得禮)가 태어났다.

정묘(丁卯)(공 29세 1567) 제 사자(四子) 만죽공(晩竹公) 득지(得智)가 태어났다.

기사(己巳)(선조 2년 공 31세 1569) 아우 관해공(觀海公)에게 글을 가르쳐주었다.

임신(壬申)(공 34세 1572) 봄에 문과에 오르니 심충겸(沈忠謙) 방(榜)의 제 4등이었다. 여름 6월에 승문원에 분관(分官)되고 가을에 권지 정자(權知正字)[277]가 되었다.

계유(癸酉)(공 35세 1573) 제 오자(五子) 송담공(松潭公) 득신(得信)이 태어났다. 겨울에 영남에 호송관으로 갔다가 조정에 돌아와

---

277) 권지 정자(權知正字) : 조선시대 문과에 합격하면 사관(四館 : 성균관 · 예문관 · 교서관 · 승문원)에 배정하여 일을 배우게 한다. 이를 사관분관(四館分館)이라고 한다. 권지는 사관에서 일을 배울 때의 직함. 정자는 승문원의 하위직이다. 곧 승문원에 배정되어 권지 정자의 직함으로 일을 한 것이다.

곧 가주서(假注書)에 임명되었다.

갑술(甲戌)(공 36세 1574) 겨울에 주서(注書)에 승진되었다.

을해(乙亥)(공 37세 1575) 특별히 6품에 오르고 사복시 주부에 임명되었다가 얼마 뒤에 공조좌랑으로 옮겼다. 이 해에 중부 금호공이 신원되고 복직되었다.

병자(丙子)(공 38세 1576) 가을에 전라우도에 말을 점검하는 점마관(點馬官)으로 갔는데, 돌아오기 전에 조정에서 병조좌랑으로 임명하였다.

정축(丁丑)(공 39세 1577) 봄에 성균관 전적(成均典籍)에 임명되고 여름에 또 병조좌랑에 임명되고 겨울에 또 전적(典籍)에 임명되었다.

무인(戊寅)(공 40세 1578) 봄에 전라도 순무어사(巡撫御使)에 임명되고 7월 초에 조정에 돌아와 이조좌랑에 임명되었다. 조금 있다가 다시 병조정랑에 승진되고, 8월에 충청좌도 경차관(敬差官)으로 임명되고, 11월 초에 조정에 돌아와 홍문관 교리에 승진되고 또 해운판관(海運判官)에 옮겨 임명되었다.

기묘(己卯)(공 41세 1579) 정월에 상피(相避)의 일[278]로 전직(轉職)되어 예조정랑에 승진되고 사은숙배(謝恩肅拜)도 하기 전에 형조정랑으로 옮겨 임명되었다. 2월에 또 영변판관(寧邊判官)으로 옮겨 4월 그믐께 부임하였다.

경진(庚辰)(공 42세 1580) 이때 공이 영변(寧邊)에 있으면서 현저한

278) 상피(相避)의 일 : 조선시대 친인척이 같은 직장에서 근무하지 못하고 다른 직장으로 옮겨 가는 일.

치적이 있었다.

신사(辛巳)(공 43세 1581) 제 육자(六子) 득제(得悌)가 영변의 관아에서 태어났다.

임오(壬午)(공 44세 1582) 정월에 아버지를 찾아뵙는 일로 충청도 청양(靑陽)의 관아에 왔다. 2월 17일에 어머니 숙부인 전의이씨(全義李氏)의 상사를 만나 나주의 송현(松峴)에서 거상(居喪)하였다.

계미(癸未)(공 45세 1583) 이때 승지공이 전직(轉職)되어 서울에 계셨는데 병이 났다는 소식을 듣고 곧바로 길을 떠나 달려가다가 금강(錦江)에 이르러 돌아가셨다는 소식을 들으니 2월 초5일이었다. 나주(羅州)의 선영으로 반장(返葬)하였다.

갑신(甲申)(공 46세 1584) 여묘살이하면서 슬퍼하여 몸이 야위면서도 한결같이 예에 따라 거상하였다.

을유(乙酉)(공 47세 1585) 5월 초4일에 삼년의 복을 마쳤다. 이날에 곧 형조좌랑에 임명되었다. 서울에 도착되기 전에 평안도 도사로 전직되니 상피(相避)의 일로 전직된 것이다. 6월 초에 구성부사(龜城府使)에 오르고 7월에 부임하였다.

병술(丙戌)(공 48세 1586) 이 해에 사위 임 감사 서(林惰)를 맞았다.

정해(丁亥)(공 49세 1587) 이때 공이 구성(龜城)에 있으면서 정치와 교화가 크게 행해졌다.

무자(戊子)(공 50세 1588) 고과평정에서 점수를 많이 얻어[政最][279]

---

279) 고과평정에서 점수를 많이 얻어[政最] : 조선시대 관리들의 실적을 평가

3월에 강계부사(江界府使)로 승진하였는데 공을 시기하는 자가 있었다. 4월 초에 다시 인사이동을 하여 현직에서 파직되어 충청도의 결성(結城)으로 돌아왔다. 이때부터 공은 세상에 뜻이 없어 정자를 짓고 부해정(浮海亭)이라고 편액을 걸고 이곳에 거닐면서 늙은 여생을 마칠 생각을 하고 '송파거사(松坡居士)'라고 자호하였다. 이 해에 조정에서 참의(參議)의 직급으로 불렀으나 끝내 벼슬에 나가지 않았다. 이때 「自解」 시를 지었으니, "지란이 시냇가에 헛되이 늙어가니 봄새들 다정하여 많은 골짝에서 우는구나. 십리의 긴 물결 비바람 사나워 외로운 배 쓸쓸히 저문 조수에 비껴 있네.[芝蘭虛老澗邊生 春鳥多情萬谷鳴 十里長波風雨惡 孤舟寥落晩潮橫]"라고 하였다. 12월 20일에 공이 감기를 얻었다.

기축(己丑)(공 51세 1589) 공이 부해정에서 돌아가셨다.

병신(丙申)(선조 29년 1596) 둘째 아들 득의(得義)가 특별히 공신책봉을 받아 청난공신(淸難功臣) 평성군(平城君)에 봉해지니, 공이 순충보조공신(純忠補祚功臣) 대광보국숭록대부(大匡輔國崇祿大夫) 의정부 영의정(議政府領議政) 겸 영경연홍문관예문관춘추관관상감사(兼領經筵弘文館藝文館春秋館觀象監事) 세자사(世子師) 평릉부원군(平陵府院君)에 추증되었다.

하여 성적이 좋은 사람을 최(最)라 하고 성적이 나쁜 사람을 전(殿)이라 하여 1년에 두 번씩 인사이동을 하는데 이것을 반영하였다.

송파공 행적

증영의정(贈領議政) 평릉부원군(平陵府院君) 임공(林公)의 휘는 식(植)이요 자는 숙무(叔茂)요 호(號)는 송파(松坡)이니 금호공(錦湖公)의 조카이다. 금호공의 아우되는 정수(貞秀)는 증좌승지(贈左承旨) 행형조좌랑(行刑曹佐郞)이다. 좌랑공이 전의이씨를 맞이하니 현감 진남(震男)의 따님이다.

가정(嘉靖) 기해(己亥)[중종 34년 1539] 9月 17日 해시(亥時)에 공이 태어났다. 공은 나실 때부터 재주가 영달하시어 일찍 시명(詩名)을 떨치더니 갑자년(甲子年) 사마시에 율곡선생(栗谷先生)과 함께 급제하고, 임신년(壬申年)에 문과(文科)에 올라 심충겸(沈忠謙)과 동방(同榜)이다. 여름에 승문원에 보직을 받고 가을에 권지 정자(權知正字)가 되었다. 계유년 겨울에 영남호송관(嶺南護送官)을 지내고 갑술년에 주서(注書)로 승진하고 을해년 겨울에 육품(六品)으로 특진하여 사복시(司僕寺) 주부(主簿)가 되었다가 곧 이어 공조좌랑(工曹佐郞)으로 옮겼다. 병자년 가을에 전라우도(全羅右道) 점마관(點馬官)으로 갔다가 조정에 돌아오지도 않고 병조좌랑(兵曹佐郞)에 제배(除拜)되었다. 정축년 봄에 성균관 전적(典籍)이 되고 여름에 또 병조좌랑(兵曹佐郞)이 되었다. 무인년 봄에 전라도 순무어사(巡撫御史)로 제수되어 칠월에 환조(還朝)하니 이조좌랑(吏曹佐郞)으로 승진되었다가 곧 이어 병조정랑(兵曹正郎)으로 임명되었다. 팔월에 충청좌도(忠清左道) 경차관(敬差官)으로 배수(拜授) 되었다가 환조(還朝)하니 바로 홍문관 교리(校理)로 승진되고, 다시 해운판관(海運判官)이 되었다가 기묘년에 상피(相避)로 인하여 예조정랑(禮曹正郎)으로 옮겼다가 사은숙배도 하기 전에 형조정랑(刑曹正郎)으로 이배(移拜)되고 또 영변판관(寧邊判官)으로 임명을 받았다.

대체로 공은 재주와 학행이 세상에 뛰어나고 논리가 너무도 정대하여 간인(奸人)들의 시기와 질투를 가장 많이 받아 변경에 계시면서 끝내 청현(淸顯)의 언로(言路)에는 계시지 못하였다 한다. 경진·신사년을 영변에서 지내시고 임오년에 근친을 하기 위해 청양(靑陽)으로 오셨다가 2월에 이부인(李夫人, 母親)의 상을 당하였다. 나주에서 거상(居喪)하고 계셨는데 이때 승지공(承旨公, 부친)은 서울 집에 계셨다. 계미년에 병보(病報)를 듣고 바로 출발하여 달렸으나 금강(錦江)에 이르러서 돌아가셨다는 상보(喪報)를 받았다. 나주 선영(先塋)으로 반장(返葬)해 모셨다. 을유년에 탈복(脫服)하고 곧 형조좌랑으로 임명되어 입경(入京)하기도 전에 평안도사(平安都事)로 제수되었다. 이때 상피(相避)로 인하여 다시 구성부사(龜城府使)로 임명되었다. 병술년에 구성(龜城)에 계시면서 치적이 뛰어났다하여 강계부사(江界府使)로 승진하였다가 시기하는 자의 모함을 받고 파직되어 결성(結城)으로 돌아왔다. 이로부터 사환(仕宦)에 뜻이 없어 부해정(浮海亭)에 거처하시며 자호를 송파거사(松坡居士)라 하셨다. 조정에서 참의(參議)로 임명하여 불렀으나 부임하지 않으셨다.

「자해(自解)」 시 한 수를 지으셨는데,

芝蘭虛老澗邊生　지란이 시냇가에 헛되이 늙어가니
春鳥多情萬谷鳴　봄새들 다정하여 많은 골짝에서 우는구나.
十里長波風雨惡　십리의 긴 물결 비바람 사나워
孤舟寥落晩潮橫　외로운 배 쓸쓸히 저문 조수에 비껴 있네.

이 한 절구를 보더라도 공의 뜻과 행실이 얼마나 고결하고 탁세(濁世)를 오시(傲視)하는 뜻을 엿볼 수 있다.

율곡 선생과 같이 동방급제(同榜及第)한 분이 17명의 어진 사람이었는데, 공이 그 선두를 차지하니 당시의 덕행과 명망이 탁월함을 훤히 상상할 수 있다.

공의 종자(從子) 죽계공(竹溪公)이 공의 배위(配位) 유씨(俞氏) 부인의 비지(碑誌)를 쓰실 때에 말하기를, "공은 재행(才行)과 이름이 한 시대에 으뜸이다."하였고, 문곡(文谷) 김상공(金相公) 수항(壽恒)이 금호(錦湖) 행적기(行蹟記)를 쓸 때에, "그의 종자(從子) 송파(松坡)·관해(觀海) 형제가 다 같이 높은 기절(氣節)로 이름이 빛났다."하고, 청음(淸陰) 김선생 상헌(尙憲)이 김의주(金義州) 여물(汝岉)의 비문을 쓸 때에 말하기를, "함께 교유하시던 분들은 모두 당대의 괴사(魁士)이다. 서(徐) 의주(義州) 익(益)과 임(林) 구성(龜城) 식(植)과 가장 가까웠다."하였으니 청음선생같이 기개가 있고 허여(許與)가 드문 분으로서도 괴사(魁士)로 추허하였다.

공은 또한 조현주(趙玄州) 위(緯)와 한현강(韓玄江) 찬남(纘男)과 더불어 정의가 형제와 같았고, 유송당(俞松塘) 홍(泓)이 공의 만사(挽詞)를 쓰실 때에, "문무(文武)를 겸전하고 재주도 탁월하여 짝할 사람이 없다."고 하였으니 여러 선현들이 추장(推獎) 찬미하신 것과 교유하신 자취로 보더라도 공의 제행(制行)이 높으심을 알 수 있다. 장계곡(張谿谷) 선생 같은 탁월한 문장으로도 오히려 말하기를, "임공은 시로써 세상에 울렸다." 하였으나 가석하게도 공의 시문이 임진·계사의 전화(戰禍)에 많이 잃어버리고 약간 편만 남았으며 제현의 문집 중에 전문(傳聞)되어 오는 것을 수습하였다.

무자년(戊子年) 겨울에 한질(寒疾)로 고생하다가 기축년 정월 초6일에 작고하니 향년(享年) 51세였다.

초취(初娶)는 해주 최씨(海州崔氏)시니 군수(郡守) 제운(霽雲)의 따님이고 문헌공(文憲公) 충(冲)의 후예이다. 두 아들을 두었으니 장남은 득인(得仁)이니 주부(主簿)를 지냈고, 다음은 득의(得義)이니 절도사로 이몽학(李夢鶴)의 반란을 토평(討平)하여 청난공신(清難功臣)이 되고 공에게 영의정의 증직(贈職)을 내렸다.

재취(再娶)는 창원 유씨(昌原兪氏)이니 참판 필의(必毅)의 따님이요 보문각(寶文閣) 제학(提學) 경(冏)의 후예이다. 4남3녀를 두었으니 장남은 득례(得禮)요 다음은 득지(得智)니 선교랑(宣教郎)이요, 다음은 득신(得信)이니 진사(進士)요, 다음은 득제(得悌)이다. 장녀는 관찰사 임서(林惰)에게 출가하고 다음은 진사 임집(任濮)이요, 다음은 김탕(金盪)에게 출가하였다.

측실(側室)에 2남을 두었으니 장남은 득량(得良)으로 무과(武科) 부사과(副司果)를 지내고 다음은 득검(得儉)이다.

득인(得仁)이 1남3녀를 두니 장남은 헌(巘)이요 장녀는 군수 이점(李漸)에 출가하고, 다음은 군수 한몽룡(韓夢龍)이요 다음은 참봉 조유직(趙惟直)에게 출가하였다.

득의(得義)는 4남2녀를 두니 장남 찬(巑)은 목사(牧使)요 다음 집(嶕)은 현감이요 다음 전(巎)은 부제학(副提學)이요 다음 우(嵎)는 참봉이다. 장녀는 현감 이상필(李尙馝)에게 출가하고 다음은 사인(士人) 윤연(尹堧)에게 출가하였다.

득례(得禮)는 2남을 두니 장남은 의(嶷)요 다음은 율(嵂)이다.

득지(得智)는 1남1녀를 두니 장남 륜(崙)은 감역(監役)이요 딸은 참봉 강시만(姜時萬)에게 출가하였다. 득신(得信)과 득제(得悌)는 후손이 없다.

임서(林惰)는 2남1녀를 두니 장남 동(埬)은 승지요 다음 담(壜)은 이조판서요, 딸은 이제(李穧)에게 출가하니 문과(文科) 부사(府使)이다.

김탕(金盪)은 3남1녀를 두니 장남 경항(慶恒)은 목사(牧使)요 다음 경태(慶泰)·경화(慶華)는 무후(無后)하고, 딸은 사인(士人) 이권(李惓)에게 출가했다.

공은 삼백년의 명문대가에서 태어나 약관 때부터 재행(才行)은 앞에 설 사람이 없었고 50세가 안 되어 시골로 물러나와 나라에서 여러 번 불렀으나 나가지 않으시니 확고히 변하지 않는 지조와 평시의 소양과 가정에서 배운 바를 볼 수 있고 여러 선생들이 칭송한 까닭을 알 수 있다.

공의 중부(仲父) 금호공은 정언각(鄭彦慤)의 무고한 벽서사건(양재역 벽서사건)으로 인하여 정미사화(丁未士禍)에 참사를 당하셨고, 아우 관해공(觀海公)은 광주목사(廣州牧使)로 계시다가 갑자년 역적(이괄)의 흉봉(凶鋒)에 순절하니 삼부자(三父子)의 행의(行義)와 지절(志節)은 전후에 아름다워 천년이 지나도 부끄러움이 없다 하겠다. 8명의 아들과 9명의 손자가 모두 공신록(功臣錄)에 실렸다.

숭정 기원 후 기미(1679년) 맹하 상순
증손 재교(再喬)는 재배하고 기록하다.

松坡公行蹟

贈領議政平陵府院君林公諱植, 字叔茂, 號松坡, 錦湖公之從子也. 錦湖之弟曰貞秀, 贈左承旨行刑曹佐郎, 佐郎公聘全義李氏, 縣令震男之女. 生公於嘉靖己亥九月十七日亥時, 公生而穎達, 早擅詩名. 甲子, 中司馬, 栗谷先生榜二等. 壬申, 登文科, 沈忠謙榜第四. 夏, 分官承文院. 秋, 權知正字. 癸酉冬, 護送官于嶺南. 甲戌, 陞注書. 乙亥冬, 特陞六品, 拜司僕寺主簿, 俄遷工曹佐郎. 丙子秋, 全羅右道點馬, 未還朝, 拜兵曹佐郎. 丁丑春, 拜成均典籍. 夏, 又拜兵曹佐郎. 戊寅春, 拜全羅道巡撫御史. 七月還朝, 陞吏曹佐郎, 尋陞兵曹正郎. 八月, 又拜忠淸左道敬差官還朝, 即陞弘文舘教理, 又移拜海運判官. 己卯以相避, 入爲禮曹正郎, 未肅拜移拜刑正, 又遷寧邊判官. 蓋公才行冠世, 持論最正, 故大爲群奸所猜疾斥, 在邊地, 終未得清顯之言路云. 庚辰 · 辛巳在寧邊. 壬午, 來覲于靑陽縣, 二月丁李夫人憂, 守喪于羅州, 時承旨公遞在京第. 癸未, 聞病報, 即登程奔馳, 到錦江聞喪, 返葬于羅州先塋. 乙酉, 服闋, 卽拜刑曹佐郎, 未入京移拜平安都事, 會以相避遞差, 過數日, 即除龜城府使. 丙戌, 在龜城以政最, 陞江界府使, 有媢疾者改政罷歸結城. 自此以後, 無意仕宦, 因居于浮海亭, 自號松坡居士, 朝家召以參議, 而終不赴職. 常有「自解」詩曰: “芝蘭虛老澗邊生, 春鳥多情萬谷鳴. 十里長波風雨惡, 孤舟寥落晩潮橫.” 觀此一絶, 足可見公之志行孤潔, 傲視濁世之意也. 栗谷先生司馬榜中, 凡十七名賢, 公居其右側, 可想其當時行望之卓犖皎然. 公之從子竹溪公撰公之室俞氏碑誌曰: “公以才行名冠一時”, 文谷金相公所撰「錦湖行蹟記」曰: “其從子松坡·觀海兄弟, 俱以氣節著名”, 清陰金先生撰「金義州汝岉碑文」曰: “所與遊盡魁士, 徐義州益·林龜城植最合”, 淸陰先生簡伉寡與 而以魁士奬許之, 公與趙玄州緯·韓玄江纘男情誼若昆季. 兪松塘泓挽公, 以文武全才卓犖寡倫稱之, 觀於列賢奬讚交遊之跡, 而可知公制行之高也. 以張谿谷先生之文章卓越而猶稱 ‘林公以能詩鳴於世’ 云爾, 則惜其詩文之多逸於壬·癸之禍, 只有若干篇, 收拾於傳聞及諸賢集中者. 戊子冬, 得寒疾, 卒于己丑正月初六日, 享年五十一. 初娶, 海州 崔氏, 郡守靄雲之女, 文憲公 冲之後. 生二男, 長得仁主簿, 次得義節度使討李夢鶴亂, 錄淸難功臣, 贈公領議政. 再娶, 昌原 兪氏, 參判必毅女, 寶文閣提學冏後也. 生四男三女, 男長得禮, 次得智宣敎郎, 次得信進士, 次得悌, 女長適觀察使林惰, 次適進士任準, 次適金鎏. 繼室有二男, 長得良武科副司果, 次得儉. 得仁生一男三女, 男巘, 女長適郡守李漸, 次適郡守韓夢龍, 次適參奉趙惟直. 得義生四男二女, 長男巑牧使, 次嶕縣監, 次嶹副提學, 次嵎參奉, 女長適縣監李尙馝, 次適士人尹壖. 得禮生二男, 長嶷·次崔. 得智生一男一女, 男長崙監役, 女參奉姜時萬, 得信·得悌俱無嗣. 林惰生二男一女，男長埬承旨，次壈吏曹判書，女適李穧文科府使．金瑬生三男一女，男長慶恒牧使，次慶泰·慶華俱無后，女適士人李蕃．公以三百年簪笏世家，弱冠才行無出其右，而年未五十退居江湖，屢徵不起，廓乎有不移之操，此可見平時之素養·家庭之所受，而諸先生之稱許者，良有以也．公之仲父錦湖公以鄭彦慤誣告壁書，慘死於丁未之士禍，季弟觀海公以廣州牧使，殉節於甲子适賊之凶鋒，三父子行義志節，並美於前後而無愧於千歲云．八子九孫，皆錄功臣．

崇禎紀元後歲己未孟夏上旬，曾孫再喬再拜記．

송파공 묘표

내가 우리나라의 명현 중에 금호(錦湖) 임공(林公)을 가장 사모하여 일찍이 수레를 몰고 싶은 소원이 있었다.[280] 그러나 돌아보건대 후세에 태어나 할 수 없음에 또 탄식하며 말하기를, "금호공에게 이미 심부름하는 일을 할 수 없다면 금호공의 어진 자제로 금호의 풍도가 있는 자를 얻어 그가 행사한 일을 저술한다면 족히 높은 산을 우러러 보고 큰길을 행하는[281] 마음을 부쳐 항상 속으로 잊지 않겠다."하였다.

갑신년(1764) 봄에 내가 금성(錦城)[282]에 있었더니 어느 날 선비 임덕원(林德遠)이 그의 선조 송파공의 행장을 가지고 와서 보이며 말하기를, "나의 선조는 금호공(錦湖公)의 조카로 벼슬도 잘 알려지지 않고 대수도 오래되어 묘에 아직 비가 없으니 그대에게 글을 부탁합니다."하였다. 내가 받아 읽어 보니 이른바 어진 자제로 금호의 풍도가 있는 사람이니 이는 내가 평생에 원하는 바였다. 비록 명하지 않더라도 그 뜻을 이어 해야 할

---

280) 수레를 몰고 싶은 소원: 귀한 사람의 수레를 몰면서 비천한 일을 마다 아니하고 모시고 싶은 소원. 곧 몹시 사모한다는 말이다. 『論語』 述而. "富而可求也 雖執鞭之事 吾亦爲之".

281) 높은 산을 우러러 보고 큰길을 행하는: 숭고한 덕행을 비유하는 말. 『詩經』 小雅 車舝. "高山仰之 景行行之".

282) 금성(錦城): 지금의 나주를 말한다.

것인데 하물며 명함에 있어서랴! 드디어 사양하지 않고 묘비문을 짓는다.

공의 휘는 식(植)이요 자는 숙무(叔茂)이고 송파(松坡)는 자호이다. 본관은 평택이니 윗대에 휘 언수(彦修)와 휘 성미(成味)가 계셨는데 2대 동안 고려에서 크게 이름이 알려져 동방에서 저명한 성씨가 되었다. 우리나라에 들어와 대대로 벼슬을 하여 휘 종직(從直)에 이르러 벼슬이 도사(都事)이고 병조참의에 증직되었다. 휘 만근(萬根)은 벼슬이 첨정이니 이조참판에 증직되고 휘 준(畯)은 북도병마절도사요 휘 정수(貞秀)는 벼슬이 좌랑이니 좌승지에 증직되었으니 공에게 사대(四代)가 되고 승지공은 금호공의 아우이다. 형제가 덕이 같아 기개와 절의로 이름이 났다. 승지공이 전의 이씨와 혼인을 하니 현령 진남(震南)의 따님이다.

가정 기해년(1539) 9월 17일에 공을 낳았다. 공은 태어나면서부터 재주가 총민하여 일찍이 과거장에서 이름을 날리고 갑자년에 사마시(司馬試)에 합격하였다. 우리나라의 생진방(生進榜) 중에 인재를 얻은 것은 가정 갑자방이 최고라고 칭찬하고 선배들이 일찍이 율곡 선생 이하 17명현을 골라 예원성사(藝苑盛事)[283]라 하였는데 공의 이름이 9번째로 참여되니 젊은 나이에 명망이 높은 것을 알 수 있다.

임신년에 문과에 올라 괴원(槐院)에 분관[分隸][284]되고 다음 승정원 주서(注書)를 거쳐 각 조의 낭관을 지냈다. 중간에 호남

---

283) 예원성사(藝苑盛事) : 문인(文人)의 단체를 이루는 성대한 일. 곧 훌륭한 인재가 선발된 모임이라는 말이다.

284) 분관[分隸] : 조선시대에 문과에 합격하면 처음에는 사관분관(四館分館)이라 하여 성균관 · 예문관 · 교서관 · 승문원에 소속시켜 일을 익히게 하였다.

순무어사 · 호서경차관이 되고 내직으로 들어와 이조좌랑이 되고 또 홍문관 교리가 되었으며 다시 외직으로 영변판관, 구성 · 강계부사가 되어 모두 이름난 실적이 있었다. 강계에 있을 때 질투하는 사람들의 말로 인하여 도목정사(都目政事)에서 일이 바뀌니 이것이 공이 평생 벼슬한 경력이나, 공이 내포한 경륜을 다 썼다고 말할 수 있을까? 공이 드디어 세상에 뜻을 두지 않고 호서(湖西)의 결성(結城)으로 낙향하니 그 뒤에 조정에서 여러 번 불렀으나 나아가지 않았다. 정자를 지어 부해정(浮海亭)이라 편액을 하고 그 사이에 한가로이 노닐며 여생을 마치니 정자의 이름을 부친 것이 어찌 은미한 뜻이 있어서가 아닌가?

아! 공은 대가의 자제로 이른 나이에 대과에 급제하여 벼슬길을 시작하여 깨끗하고 높은 명망이 사림의 귀를 기울이게 하였으니 가령 양사(兩司)나 의정부 같은 곳에서 정책에 참여하고 시행하였다면 그의 언론과 공적이 사람들의 이목에 혁혁한 것이 있었을 것이다. 돌아보건대 반생을 낭관(郎官)이나 군읍에 왕래하면서 그 몸을 편히 여기지 못하고 침체되어 세상을 마쳤다. 이는 대체로 공의 뜻과 행동이 고결하여 세속을 따라 어울린 것이 아니어서 움직이면 배척을 당하여 시종 벼슬길에서 외면을 당하니 또한 금호공의 여파가 미친 바일 것이다. 사람들은 진실로 공을 위하여 아까워 하지만 공이 어찌 이것으로 언짢아하였겠는가? 그 후 시골집에 와 거처하면서 시를 지어 이르기를, "지란이 시냇가에 헛되이 늙어가니 봄새들 다정하여 많은 골짝에서 우는구나. 십리의 긴 물결 비바람 사나워 외로운 배 쓸쓸히 저문 조수에 비껴 있네[芝蘭虛老澗邊生 春鳥多情萬谷鳴

十里長波風雨惡 孤舟寥落晩潮橫]”라고 하였으니, 여기에서 공이 숭상한 뜻을 볼 수 있으니 밖에서 오는 영욕으로 그 마음을 더럽힐 수 있을까?

공의 아우 관해공(觀海公)은 광주(廣州) 목사로 갑자년 이괄(李适)의 난에 순절하였으니 아! 금호공의 집안은 절의를 행한 군자가 어찌 이리 많은가? 공은 금호 · 관해공과 함께 순수하고 굳센 기질을 부여받아 금호와 관해의 세상에 함께 살면서 홀로 금호와 관해 같은 화를 면하였으니, 이것이 하늘이 공에게 후하게 베푼 까닭이니 구구한 벼슬길의 영욕을 어찌 논할 것인가? 다만 공의 재주와 지행(志行)으로 하위에 막혀 그 경륜과 사업이 세상에 드러나지 못하고 집에 거하면서 행한 아름다운 일과 여가에 닦은 문장까지도 난리 속에 가승(家乘)이 흩어 없어져서 고구할 수 없는 것이 한이 된다. 지금 이 행장 속에 기록된 것은 다만 몇 줄 안 되는 말 뿐이니 어찌 거듭 애석한 일이 아닌가?

그러나 일대의 여러 어진 사람들의 칭찬하고 권장한 말이 매우 많으니 오히려 열 가지 백 가지 중에서 한두 가지라도 얻을 수 있었다. 그 속에 청음(淸陰 상헌) 김문정공은 일찍이 김(金) 의주(義州) 여물(汝岉)의 비문을 지었는데 그 속에 말하기를, “공이 함께 놀던 바는 모두 걸출한 선비였으니 서(徐) 의주(義州) 익(益)과 임(林) 구성(龜城) 식(植)같은 사람이다.”고 한 것이 바로 이것이다. 공은 금호공의 조카요 관해공의 형으로 김여물과 서익 두 공과 벗을 하고 또 청음공의 일언(一言)을 얻어 중히 여기는 바가 되었으니, 이것으로 공을 알기에 충분하니 나머지는 생략한다.

공은 기축년(1589) 정월에 돌아가셨으니 태어난 기해년으로부터 51세가 된다. 초배(初配)는 해주 최씨니 군수 제운(霽雲)의 따님으로 문헌공 최충(崔冲)의 후손이다. 아들을 낳으니 장남은 득인(得仁) 주부(主簿)이고 차남은 득의(得義)니 절도사로 청난공신(淸難功臣)[285]에 녹훈되어 평성군(平城君)에 봉해졌다. 계배(繼配)는 창원 유씨니 참판 필의(必毅)의 따님이다. 4남 3녀를 낳으니 아들은 득례(得禮)·득지(得智)·득신(得信)·득제(得悌)요 장녀는 관찰사 임서(林惰)에게 출가하고 차녀는 진사 임집(任潗)에게 출가하고 그 다음은 김탕(金盪)에게 출가하였다. 득량(得良)과 득검(得儉)은 측실 소생의 아들이다. 공의 아들이 여덟인데 평성군이 공신에 기록되어 개부[開府][286]가 되고 나머지도 아울러 따라 공신에 책록(册錄)되어 공은 영의정 평릉부원군(平陵府院君)에 증직되었다.

아! 금호공과 관해공의 후손은 모두 영락(零落)하여 그 집을 제대로 빛내지 못했는데, 공은 아들이 귀하게 되어 영의정에 증직되는 은총이 있고 내외 자질이 지금까지 번창하고 중간에 고관대작이 끊어지지 않으니 아마 하늘이 금호와 관해가 누리지 못한 것을 모두 공의 몸에 모아서 후손에게 복을 주어 백대를 가도록 정해 준 것이 아닌가 한다. 그렇다면 공의 남은 경사는 지금도 다하지 않을 것이다. 명(銘)에 이르기를, 사화(士禍)

285) 청난공신(淸難功臣) : 이몽학의 난을 진압한 공신의 공호의 약칭. 본래의 칭호는 분충출기합모적의청난공신(奮忠出氣合謀迪毅淸難功臣)이다.

286) 대장군[開府] : 부병(府兵)의 군직. 『新唐書』 兵志.

에 죽었으되 동경(東京)의 범방(范滂)·이응(李膺)의 풍도가 있는 자[287]는 금호공이 아닌가? 절의에 죽으면서 수양(睢陽)의 장순(張巡)·허원(許遠)의 충의를 사모한 자[288]는 관해공이 아닌가? 금호공을 숙부로 하고 관해공을 아우로 하면서 혼탁한 세상을 산 것은, 송파거사가 그들과 자취가 같지 않으면서도 지조는 같은 것이 아닌가? 오산(烏山)의 남쪽에 높게 세 자의 봉분을 한 곳에 목동과 나무꾼은 공경의 마음을 일으킬 것이다.

숭정 기원 후 삼 갑신(1764)

가선대부 전 행사간원 대사간 유언술(兪彦述)[289] 삼가 기록하다.

287) 동경(東京)의 범방(范滂)·이응(李膺)의 풍도가 있는 자 : 동경은 동한(東漢)의 수도 낙양(洛陽). 동한의 말엽 영제(靈帝) 때에 환관이 전횡하여 기강이 해이해지자 지조 있는 선비 이응·진번(陳蕃)·범방 같은 사람들이 나와 환관들을 제거하려 하였으나 도리어 그들에게 휘말려 죽으니 이를 당고지화(黨錮之禍)라 한다. 범방이 죽으러 갈 때 어머니가 말하기를, "우리 아들이 명사들과 함께 죽으니 한 될 것이 없다"고 하였다. 『後漢書』 范滂傳·李膺傳.

288) 수양(睢陽)의 장순(張巡)·허원(許遠)의 충의를 사모한 자 : 수양은 하남성 상구현에 있는 지명. 장순과 허원은 당나라의 안사(安史) 난에 수양에서 잡혀 모진 고문을 하여도 굴하지 않고 버티다가 순국하였다. 『舊唐書』 百八十七.

289) 유언술(兪彦述 1703~1773) : 조선후기의 문신. 본관은 기계(杞溪). 자는 계지(繼之), 호는 송호(松湖)·지족당(知足堂)·서고(西皐). 부사 명일(命一)의 손자이며, 진사 복기(復基)의 아들이다. 1757년 문과중시에 을과로 급제하고, 1772년 대사헌을 거쳐 지중추부사로 치사하고, 기로소에 들어갔다. 시문에 뛰어났으며, 산수를 좋아하여 족숙인 유척기(兪拓基) 등과 함께 금강산을 유력(遊歷)하기도 하였다. 저서로 『松湖集』 6권을 남겼다. 시호는 정헌(靖憲)이다.

松坡公墓表

不佞於國朝名賢, 最慕錦湖 林公, 嘗有執鞭之願, 而顧生後不可得, 則又嘗喟爾曰: “錦湖既不得以爲役, 誠得錦湖賢子弟之有錦湖風節者, 而爲之撰次其事行, 則亦足寓高山景行之慕, 常自介介於中.” 甲申春, 在錦城, 日有士人林君德遠, 袖其先祖松坡公狀而示之曰: “先祖於錦湖爲從子, 而官不顯世且遠, 墓尙無顯刻, 子其文之.” 受而讀之, 卽所謂賢子弟而有錦湖風節者, 是平生之願也. 雖不命其承, 況命之乎! 遂不辭而爲之敍次曰: “公諱植, 字叔茂, 松坡其自號. 世世爲平澤人, 上世有諱彦修諱成味, 仍兩世大顯於麗朝, 爲東方著姓. 入我朝, 代有簪纓, 至諱從直, 官都事, 贈兵曹參議. 諱萬根, 官僉正, 贈吏曺參判. 諱畯, 北道兵馬節度使. 諱貞秀, 官佐郎, 贈左承旨. 於公爲四代, 而承旨公卽錦湖之弟也. 兄弟媲德, 以氣節著名, 娶全義 李氏, 縣令震男之女. 以嘉靖己亥九月十七日生公, 公生而穎達, 早擅名詞場. 甲子, 中司馬, 國朝生進榜之得人最稱嘉靖甲子, 先輩嘗歷計栗谷先生以下十七名賢, 以爲‘藝苑盛事’, 而公名居第九, 其妙年標望, 可知也. 壬申, 登文科, 分隷槐院, 由承政院注書. 歷試諸曹郎, 間出爲湖南巡撫御史湖西敬差官, 入爲吏曹佐郎, 又爲弘文館校理, 外除爲寧邊判官·龜城·江界府使, 皆有著績, 而江界則因娼嫉者之言而改政, 此公之平生宦跡也. 其可以盡公之用乎? 公遂無意於世, 大歸湖西之結城, 朝廷累召不起, 作亭扁以‘浮海’, 優遊終老於其間, 名亭豈其有微意也歟? 噫! 公以大家子, 早歲, 發軔名途, 淸名峻望, 傾倒士林, 使之處於臺省·廊廟盡其猷爲施措, 則言議事功, 必有赫赫照人耳目者. 顧乃半生棲屑於郎僚郡邑之際, 而亦不能安其身, 沈淪以終其世. 此盖公志高行潔, 不肯隨俗俯仰, 動遭排擯, 而其終始坎壈於榮途, 盖亦錦湖公餘波之所及, 人固爲公惜, 而公則亦何嘗以是而爲忻戚哉? 其退居湖庄也, 嘗有詩曰: "芝蘭虛老澗邊生, 春鳥多情萬谷鳴. 十里長波風雨惡, 孤舟寥落晚潮橫." 此可見公之志尙, 尙可以外至之榮辱而累其靈臺也哉? 公之季弟觀海公, 以廣州牧使, 殉節於甲子逆難, 噫! 錦湖公之家, 一何多節行君子也? 公與錦湖·觀海, 同稟純剛之氣, 而處於錦湖·觀海之世, 獨能免錦湖·觀海之禍, 此天之所以厚於公也, 區區宦塗之榮落, 又何論耶? 獨恨以公之才調志行, 撿於下位, 使其經綸事業不能表見於世, 而至其居家行懿·餘事文章, 亦因家乘之散落於兵燹, 無可考信. 今此狀中所錄, 只是寂寥數行語而已, 豈非重可惜也? 然而一代諸賢之稱道獎詡者, 甚多, 猶可得一二於十百. 就其中淸陰 金文正公嘗撰「金義州汝岉碑文」有曰: "公之所與遊, 皆魁傑之士, 如徐 義州 益·林 龜城 植."是也. 公以錦湖之侄·觀海之兄, 友金·徐二公, 而又得淸陰公一言以爲重, 則此足以知公, 餘可略也. 公之卒在於己丑正月, 去生年己亥, 爲五十一歲. 初配, 海州 崔氏, 郡守靄雲之女, 文憲公 冲之後. 生男, 長得仁主簿, 次得義節度使, 錄淸難功, 封平城君. 繼配, 昌原 兪氏, 參判必毅之女. 生四男三女, 男得禮·得智·得信·得悌, 女長適觀察使林愭, 次進士任濮, 次金璗. 得良·得儉側出男也. 公之子男凡八人, 而平城策勳開府, 餘竝錄從勳, 贈公領議政平陵府院君. 嗚呼! 錦湖·觀海之裔孫, 皆零替不能世其家, 而公以子貴, 恩贈至於上相, 內外子姪, 至今蕃昌, 間亦有簪組不絶, 豈天以錦湖·觀海之所不食者, 竝萃於公身,而錫之後福以眎定於百世歟! 然則公之餘慶, 今亦有未艾者也歟! 銘曰: "死於禍而有東京 范·李之風者, 錦湖翁耶! 殉於節而慕睢陽 張·許之忠者, 觀海公耶! 以爲叔, 以爲弟, 而逶遲於濁世之中者, 松坡居士之不同而同者耶! 烏山之南, 巋然三尺之崇者, 尙起敬於牧竪樵童者耶!

崇禎紀元後三甲申, 嘉善大夫前行司諫院大司諫, 兪彦述謹誌.

조선 증순충보조공신 대광보국숭록대부 의정부 영의정 겸 영경연 홍문관 예문관 춘추관 관상감사 세자사 평릉부원군 행통정대부 구성도호부사 겸 구성진 첨절제사 좌영장 수성장 평택 임공 신도비명 병서

호서(湖西)의 홍성(洪城) 남쪽 덕명리(德明里) 유좌묘향(酉坐卯向)의 언덕에 높다란 분묘가 있으니 구성부사(龜城府使) 증영의정(贈領議政) 송파(松坡) 임공(林公)의 묘소이다. 이곳에 모신 지는 지금으로부터 삼백 팔년 전이었고 증직(贈職)을 받으신 지 다섯 번째 병신(丙申)을 맞는 해이기도 하다. 이해를 맞이하여 공의 후손 노관(魯觀)·철주(喆周)·풍주(豊周)가 천리를 함께 와서 공의 묘도 비문을 나에게 부탁하였다. 졸렬한 글솜씨로 아름답고 높은 덕을 선양하여 영원히 빛내지 못할까 두려워 거듭 사양하였으나 할 수 없어 이에 행장을 살펴보았다.

공의 휘(諱)는 식(植)이요 자(字)는 숙무(叔茂)이며 관향(貫鄕)은 평택(平澤)이다. 고려 때 영삼사사(領三司事)를 지낸 휘 희(禧)가 비조(鼻祖)이고 벼슬은 대를 이어 빛났다. 조선에 와서 휘 상양(尙陽)은 지훈련관사(知訓練觀事)를 지냈으니 공의 5세조요, 증조(曾祖) 휘 만근(萬根)은 첨정(僉正)을 지냈고 이조판서의 증직을 받았다. 조(祖)의 휘는 준(畯)이니 문과하고 천거되어 북도병마절도사(北道兵馬節度使)를 지냈고, 고(考)의 휘는 정수(貞秀)이니 현감(縣監)을 지내고 증좌승지(贈左承旨)이시며 비(妣)는 전의 이씨(全義李氏)이니 현감 진남(震男)의 따님이다.

공은 중종(中宗) 기해(己亥) 구월 십칠일에 나주(羅州) 송현(松峴)의 집에서 태어났다. 공은 천품이 영달하시고 일찍부터 사장(詞場)에 이름을 날리더니 갑자년(甲子年) 사마시(司馬試)에 합격하여 율곡(栗谷) 이선생(李先生)과 동방(同榜)이다. 남구만(南九萬)이 이 방(榜)에 서문을 쓰고 십칠명현(十七名賢) 중에 공이 구위(九位)로 뽑혀서 예원(藝苑)의 성사(盛事)로 전해온다. 임신년(壬申年)에 문과(文科)에 급제하여 괴원(槐院)에 소속되고 승정원주서(承政院注書)를 거쳐 제조(諸曹)의 좌랑(佐郞)을 지내고 사복시주부(司僕寺主簿) 성균관전적(成均館典籍)을 거쳐 외직으로 영남호송관(嶺南護送官) 호남순무어사(湖南巡撫御史) 호서경차관(湖西敬差官)을 지내다가 조정으로 들어와서 이조좌랑(吏曹佐郞) 홍문관교리(弘文館校理)로 있다가 다시 평안도사(平安都事) 해운영변판관(海運寧邊判官) 구성부사(龜城府使)를 지냈다. 구성에 계실 때 치적이 높아 강계부사(江界府使)로 임명되었으나 모함하는 자가 있어 해직(解職)되어 돌아오니 이것이 벼슬하신 대략이다.

임오년(壬午年)에 모친상을 당하고 계미(癸未)에 또 부친상을 당하였다. 거상(居喪)함에 애훼(哀毁)함이 심하였고 한결 예법을 준수하였다. 무자년(戊子年)에 결성(結城)으로 와서 부해정(浮海亭)을 짓고 은거할 뜻을 기탁하였다. 조정에서는 참의(參議)로 임명하여 여러 차례 불렀으나 다시 나가지 않았다. 기축년(己丑

年) 정월(正月) 초6일에 정침(正寢)에서 고종(考終)하시니 춘추는 51세이다.

배위(配位) 해주 최씨(海州崔氏)는 군수 제운(霽雲)의 따님으로 부덕(婦德)을 겸비하였으며 이남(二男)을 두고 경신년(庚申年)에 돌아가셨다. 공의 묘소와 더불어 임좌(壬坐)의 자리에 함께 모셨다. 계배(繼配) 창원 유씨(昌原俞氏)는 참판 필의(必毅)의 따님으로 아름다운 덕은 공의 뜻을 어김이 없었다. 四男三女를 두고 병인년(丙寅年)에 돌아가시니 공의 묘 좌측에 부장(祔葬)하였다.

장남 득인(得仁)은 주부(主簿)요 다음 득의(得義)는 절도사(節度使)를 지내시고 청난공신(清難功臣)으로 평성군(平城君)을 봉하였다. 다음은 득례(得禮), 다음 득지(得智)는 선교랑(宣教郎)이요, 다음 득신(得信)은 진사(進士)요, 다음은 득제(得悌)이다. 장녀는 관찰사 임서(林惰)에게 출가하고 다음은 진사 임집(任濮), 다음은 김탕(金盪)에게 출가하였다. 계실(繼室)에 2남을 두었으니 득량(得良)은 무과(武科)로 사과(司果)요 다음은 득검(得儉)이다.

득인(得仁)은 1남을 두었으니 헌(巘)이다. 감역(監役)에 제수되었으나 벼슬에 나가지 않았고 3녀는 군수(郡守) 이점(李漸), 군수 한몽룡(韓夢龍), 참봉(參奉) 조유직(趙惟直)에게 출가하였다.

득의(得義)는 4남을 두었으니 찬(巑)은 목사(牧使)요, 집(嶫)은 현감(縣監)이요, 전(巑)은 부제학(副提學)이요, 우(嵎)는 참봉(參奉)이다. 두 딸은 현감 이상필(李尚馝), 윤연(尹壖)에게 출가하였다. 득례(得禮)의 2남은 의(嶷)와 율(嵂)이요 득지(得智)의 아들은 륜(崙)이니 감역을 지냈고, 딸은 참봉 강시만(姜時萬)에게 출가하였다.

임서(林惰)는 두 아들을 두었는데 동(埬)은 승지(承旨)요, 담(壜)은 판서(判書)을 지냈고, 딸은 부사(府使) 이제(李穧)에게 출가하였다. 김탕(金盪)은 3남을 두었는데 경항(慶恒)은 목사(牧使)요, 경태(慶泰)와 경화(慶華)이다. 딸은 이권(李蓍)에게 출가하였다.

득량(得良)의 아들 견(岍)은 장사랑(將仕郞)이다. 나머지는 많으나 다 기록하지 않는다.

공은 문장과 재덕(才德)으로 하위(下位)에 머물러서 큰 뜻을 세상에 펴보지 못하고, 집에 계실 때나 벼슬에 계실 때에 언론(言論)과 사공(事功)은 후세에 전할 만한 일들이 많았겠지만 병란에 흩어져 없어지고 증빙할 만한 문헌이 부족하다.

그러나 청음(淸陰) 김상헌(金尙憲) 선생이 공을 괴걸(魁傑)한 고사(高士)로 추허(推許)하였고, 서하(西河) 이민서(李敏敍)도 공은 기절(氣節)이 높아 저명하였다 하였고, 송당(松塘) 유홍(兪泓)은 공의 만사(挽詞)에, "문무가 겸전하여 탁영(卓犖)하심은 짝할 사람이 없다"하고, 계곡(谿谷) 장유(張維)는, "공이 詩에 능하여 세상에 울렸다. 그러나 안타깝게도 그 시문은 임진 병란에 없어지고 약간편만 남았다" 하였고, 관암(冠巖) 홍경모(洪敬謨)는 공의 유집(遺集) 서문(序文)에 말하기를, "공은 명종과 선조의 태평성세에 나서 벼슬은 전랑(銓郞) 옥서(玉署)를 거쳤으나, 금호(錦湖)의 종자(從子)로서 액운의 때를 만나 벼슬이 현달하지 못하고 고향으로 물러나서 여생을 마쳤다. 생각건대 그 뜻이 높고 행실이 결백하여 기개(氣槪)와 풍절(風節)은 고인(古人)만 못할게 없었으나 불우한 세상을 당하여 고기직설(皐夔稷契)처럼 요순의 정치를 이루는데 참여하지 못하고 억울한 시름을 풀 곳이 없어 한결같이 시에 표출하였다. 문집 중의 「영규화(詠葵花)」·「자해(自解)」 시 두 편을 보면 공의 뜻을 알 수 있다. 아! 백세의 아래에서 공을 증험할 것은 아마도 여기에 있지 않겠는가! 공은 금호공을 숙부로 모시고 관해공을 아우로 두었는데 금호공은 사화에 돌아가시고 관해공은 국난(國難)에 순절하였다. 공은 이 시기에 처하여 홀로 화를 면하였으니 여기서도 그 사람됨을 엿볼 수 있다."고 하였다.

둘째 아들로 인하여 높은 증직을 받고 내외 자손이 더욱 번창하고 중간에 벼슬이 끊어지지 않았으니 이 어찌 몸소 쌓으신 덕이 더욱 높아서 경사가 더욱 멀리 흐르는 것이 아닌가?

대영(大永)은 후생(後生) 말학(末學)이나 삼가 세계(世系) 생졸(生卒)과 관벌(官閥), 자성(子姓)만을 관례대로 기록하고 명(銘)을 짓는다.

명(銘)은 다음과 같다.

평택의 명문(名門)에
뭇 현인이 배출하니
금호공의 조카요
관해공의 어진 형이다.
아름다워라! 송파공은
가문의 명성을 능히 이으니
젊으실 때 촉망은
세상에 상서로운 선비라

재주는 문무를 겸전하고
때는 성명(聖明)을 만났으니
이조(吏曹)와 옥당(玉堂)을 밟아
진도(進途)가 한창 형통하였네.
그러나 다시 재앙을 만나니
불우하게 됨은 명성 때문이리.
기미를 보고 용퇴(勇退)하니
지(智)와 의(義)에 밝았네.
편액을 부해정(浮海亭)으로 하고
갈매기와 함께 지내기를 맹세하니
입에서 토하면 문장이요
함양함은 성정(性情)이었네.
정신은 별이 되어 하늘에 오르니
명망은 북두성[魁衡][290] 처럼 높았어라.
명망과 행실이 다같이 완벽하니
공의 평생 알리라.
먼저는 막히다가 뒤에 보답을 받으니
영의정 부원군 증직(贈職) 영광스럽네.
팔자(八子)와 구손(九孫)이
대를 이어 벼슬하였네.
내세에 길이 전하도록
명문(銘文)을 비석에 실어 기록했네.

---

290) 북두성[魁衡] : 괴형은 북두칠성의 첫째 별과 다섯째 별. 『宛署雜記』 位參魁衡.

성상 즉위 33년 병신(1896) 중추(仲秋) 하한(下澣)

가선대부 전행공조참판 겸 동지경연춘추관성균관 의금부사 창녕 성대영(成大永)[291] 삼가 짓다.

자헌대부 전사헌부대사헌 겸 동지성균관사 풍양 조희일(趙熙一) 쓰다.

가의대부 이조참판 겸 동지경연 춘추관 의금부 성균관사 원임 규장각 직각 고령 박봉빈(朴鳳彬) 새기다.

朝鮮贈純忠補祚功臣大匡輔國崇祿大夫議政府領議政兼領經筵弘文館藝文館春秋館觀象監事世子師平陵府院君行通政大夫龜城都護府使兼龜城鎭僉節制使左營將守城將平澤林公神道碑銘并序

湖西之洪州治南德明里坐酉向卯之原, 有崇若堂者, 故龜城都護府使贈議政府領議政松坡 林公衣履之藏也. 葬公今距三百八年, 而贈公之五回丙申. 適當是歲, 公之後孫魯觀·喆周·豊周, 千里聯訪, 托公墓道之刻於大永, 不文, 懼無以敷揚盛懿昭示無極, 辭累不獲, 乃按狀. 公諱植, 字叔茂, 系出平澤. 以高麗領三司事諱禧爲鼻祖. 圭組相禪, 入我朝, 有諱尙陽, 知訓鍊觀事, 寔爲公五世祖也. 曾祖諱萬根, 僉正贈吏曹參判. 祖諱畯, 文, 薦

291) 성대영(成大永 1829~?) : 조선말기의 문신. 본관은 창녕(昌寧). 현감 원호(元鎬)의 아들이다. 1885년 증광문과의 갑과로 급제하여 동부승지·사간원대사간, 1887년 이조참의와 성균관대사성을 지냈다. 시호는 정간(貞簡)이다.

北道兵馬節度使. 考諱貞秀, 縣監, 贈左承旨, 妣全義 李氏, 縣令震男之女. 公以中宗己亥九月十七日, 生于錦城松峴第. 公天姿穎達, 早擅名詞場. 甲子, 中司馬, 栗谷 李先生同焉. 藥泉 南公九萬敍是榜, 而歷計十七名賢, 公居第九, 傳爲'藝苑盛事'. 壬申, 闡文科, 分隷槐院, 由承政院注書, 歷試諸曹郎·司僕寺主簿·成均館典籍. 間出爲嶺南護送官·湖南巡撫御史·湖西敬差官. 入爲吏曹佐郎·弘文館敎理, 外除平安都事, 海運寧邊判官·龜城府使. 在龜城, 以治最陞江界府伯, 有媢疾者, 改政罷歸, 此其歷官槪略也. 壬午, 丁內憂. 癸未, 荐遭外艱, 居廬毁哀, 一遵禮制. 戊子, 卜築結城, 扁其亭曰'浮海', 以寓其志, 朝廷以參議屢召, 而不復就職. 己丑正月六日, 考終于正寢, 春秋五十一. 配, 海州 崔氏, 郡守霽雲女, 婦德克備. 生二男而庚申卒, 與公墓同局壬坐. 繼配, 昌原 俞氏, 參判必毅女. 媲德無違, 育四男三女, 丙寅卒, 祔公墓左. 男長得仁主簿, 次得義節度使, 錄清難功, 封平城君. 次得禮, 次得智宣敎郎, 次得信進士, 次得悌, 女長適林惰觀察使, 次任準, 次金璗. 三娶有二男, 得良武司果, 次得儉. 得仁一男曰巘, 監役不仕. 三女李漸郡守·韓夢龍郡守·趙惟直參奉. 得義四男, 巑牧使, 嵥縣監, 嶒副提學, 嵎參奉. 二女適李尚馝·縣監尹墧. 得禮二男, 嶷·崔. 得智一男曰崙監役, 一女適姜時萬參奉. 林惰二男曰埬承旨·壜書, 一女適李穧文科府使, 金璗三男曰慶恒牧使·慶泰·慶華, 女適李薔. 得良一男曰岍將仕郎, 餘多不盡錄. 公以文章才德, 沈屈下位, 未究展布於世, 居家處官·言議事功, 亦必有傳于後者而散落兵燹, 文不足徵. 然淸陰 金公尙憲誦公以魁傑之士; 西河 李公敏敍敍論公以氣節著名; 松塘 兪公泓挽公以'文武全才卓犖寡倫'; 谿谷 張公維稱公以'能詩鳴於世', 而惜其詩文逸於壬癸之禍, 僅有若干篇. 且觀冠巖 洪公敬謨序公遺集曰: "公生于明·宣盛際, 平步於銓郎·玉署之間, 以錦湖之從子, 阨於時, 官不顯, 退而終老於湖鄕. 蓋其志高行潔, 氣義風節, 皆不欲居古人下而遭逢坎壈, 不得與稷·契·皐·夔共襄唐·虞之治, 抑鬱憂愁, 無所發洩, 一寫於詩. 觀乎集中「詠葵花」·「自解」兩詩, 亦足以知公之志矣. 嗚呼! 徵公於百世之下者, 不其在此乎! 又何加焉! 公以錦湖爲叔, 觀海爲弟, 而錦湖死於禍·觀海殉於節, 公處於其世, 獨能免於其禍, 斯可以見其爲人." 而以仲子貴, 贈公首揆, 內外子孫益蕃衍, 間且簪組不絶, 豈非德之積於身者愈厚而慶之流於後者, 安敢以昧識陋辭, 僭有論撰愈遠也歟? 大永後生末學, 惟謹叙世系·生卒·官閥·子姓如法, 而係之以銘. 銘曰: "彭城名門, 群賢挺生. 錦湖猶子, 觀海難兄. 有斐松坡, 克紹家聲. 妙年標望, 瑞世蜚英. 才全文武, 時遘聖明. 銓曹玉堂, 進塗方亨. 而又迍邅, 所崎者名. 炳幾勇退, 智淵義精. 亭扁浮海, 鷗鷺尋盟. 發爲藻繪, 陶冶性情. 神歸箕尾, 望隆魁衡. 名行俱完, 槪公平生. 先嗇後報, 上相貤榮. 八子九孫, 傳世簪纓. 永垂來葉, 載銘麗牲."

聖上卽祚三十三年丙申仲秋下澣,
嘉善大夫 前行工曹參判 兼同知 經筵 經筵春秋館 成均館 義禁府事 昌寧成大永謹撰.
資憲大夫 前司憲府 大司憲 兼同知 成均館事 豊壤趙熙一 書.
嘉義大夫吏曹參判兼同知經筵春秋館義禁府成均館事原任奎章閣直閣 高靈朴鳳彬篆.

가정 갑자 사마방 17명현[남약천(南藥泉)의 가훈에서] 嘉靖甲子司馬榜十七名賢[出南藥泉家訓]

율곡(栗谷)[이이(李珥). 자는 숙헌(叔獻), 덕수인(德水人). 병신생. 찬성(贊成). 문성공(文成公).]

서애(西崖)[유성룡(柳成龍). 자는 이견(而見), 풍산인(豊山人). 임인생. 영의정(領議政). 문충공(文忠公).]

오리(梧里)[이원익(李元翼). 자는 공려(公勵), 전주인(全州人). 정미생. 영의정(領議政). 문충공(文忠公).]

사양(四養)[심충겸(沈忠謙). 자는 공직(公直), 청송인(青松人). 을사생. 병조판서(兵曹判書). 청림군(青林君).]

척재(惕齋)[신점(申點),자는 성여(聖與). 평산인(平山人). 경인생. 판중추(判中樞). 충경공(忠景公).]

학봉(鶴峰)[김성일(金誠一). 자는 사순(士純), 의성인(義城人). 무술생. 감사(監司).]

백암(柏巖)[김륵(金玏). 자는 희옥(希玉), 예안인(禮安人). 경자생. 대사헌(大司憲).]

치재(耻齋)[홍진(洪進). 자는 희고(希古), 남양인(南陽人). 신축생. 이조판서(吏曹判書). 단민공(端敏公).]

송파(松坡)[임식(林植). 자는 숙무(叔茂), 평택인(平澤人). 기해생. 증영의정(贈領議政) 평릉부원군(平陵府院君).]

판서(判書)[윤현(尹晛). 자는 백승(伯昇), 해평인(海平人). 병신생.]

만죽(萬竹)[서익(徐益). 자는 군애(君愛), 풍산인(豊山人). 임인생. 의주부윤(義州府尹).]

성암(省菴)[김효원(金孝元). 자는 인백(仁伯), 선산인(善山人). 임인생. 사간(司諫).]

승지(承旨)[강서(姜緖). 자는 원경(遠卿), 진주인(晉州人). 무술생.]

운강(雲江)[조원(趙瑗). 자는 백옥(白玉), 임천인(林川人). 승지(承旨).]

도사(都事)[어운해(魚雲海). 자는 경유(景遊), 함종인(咸從人). 병신생.]

동은(峒隱)[이의건(李義健). 자는 의중(宜仲), 전주인(全州人). 계사생.]

옥봉(玉峯)[백광훈(白光勳). 자는 창경(彰卿), 해미인(海美人). 정유생.]

임송파(林松坡)의 사마방목 뒤에 서문을 쓰다

모든 사물은 방향을 가지고 유(類)를 모으나니 하늘은 임송파(林松坡)를 가정(嘉靖) 갑자 사마방(司馬榜)에 급제하도록 하였다. 연꽃·국화·소나무·잣나무는 가을 겨울을 만나서야 꽃이 피고 잎이 성하는 것이고, 기린·봉황·거북·용은 성인의 세상을 만나야만 연못과 숲에 모이는 법이다. 무릇 한 기운이 서로 감응하면 하늘도 도와주게 되어 그 사이에 분수를 정하는 것은 인력으로 할 수 있는 것이 아니다. 그렇지 않다면 어찌 가정(嘉靖) 갑자년(甲子年) 사마방(司馬榜)에 명현들이 많이 모였고 또 송파공이 그 속에 선발되었겠는가? 혹 사해 구주(九州) 사람들이 우연히 같은 하나의 방(榜)에 참여했다고 한다면 이것은 황망한 말이 될 것이다.

공은 금호(錦湖)의 조카요 관해(觀海)의 형이다. 문장과 절행은 가정에서 배워 이미 위대하고 뛰어났는데 갑자년에 함께 급제하게 된 것은 틀림없이 하늘의 뜻이다. 약천(藥泉) 남공(南公)[292]이 이 방에 서문(敍文)을 쓰면서 율곡 이하 십칠 명현을 열거할 때 송파공은 중간에 위치하여 상하로 연결하듯 하였으

292) 약천남공(藥泉南公) : 조선시대의 문신 남구만(南九萬). 자는 운로(雲路). 효종 7년(1656) 문과에 급제하고 우의정·좌의정·영의정을 지냈으며 소론(少論)의 거두로 활약하였다. 문사(文詞)와 서화(書畵)에도 뛰어났으며 저서에 『약천집』이 있다.

니 공의 어진 덕은 굳이 가승(家乘)을 살피지 않고도 선배들이 추허(推許)함을 알 수가 있다. 설령 이 방에 선발되지 않았더라도 한 기운이 서로 감응하게 되는 것이 대개 이와 같음을 알 수 있게 될 것이다. 약천은 오히려 당시 유사들(考試官)이 잘 선발되었다고 미루니 아! 어찌 사람의 힘으로 이루어진 것인가? 그러나 현인들이 어진 유사(有司)를 만나는 것도 또한 하늘의 뜻이 아니겠는가? 마침내 깊이 느낀 바 있어 쓴다.

오달운(吳達運) 삼가 쓰다.

書林松坡司馬榜後敍

方以类聚, 天以林松坡, 登嘉靖甲子司馬榜. 蓮·菊·松·柏, 以秋冬爲花葉, 麟·鳳·龜·龍, 以聖世爲淵藪, 夫以一氣相感, 天亦主張, 分數於其間者, 殆非人力所能也! 不然, 何嘉甲多賢榜而松坡公在其選歟? 猶謂四海九州之人偶然而同一榜則妄也. 公以錦湖之姪·觀海之伯, 文章節行, 得於家者, 已奇偉卓犖, 而必以甲子榜登名者, 天也. 藥泉 南公叙是榜, 而自栗翁以下歷計十七名輩, 以松坡公居中而上下之, 公之賢不待按家乘, 而可知爲先輩所推, 則不於是榜選, 尙可俟一氣之感槩如是也. 而藥泉尙推之於有司掄選之良, 嗚呼! 豈人力也哉? 然以賢輩而遇賢有司, 亦非天也歟? 遂感而爲之書.
吳達運謹書.

제가잡설 諸家雜說

청음(淸陰) 김상헌(金尙憲) 선생이 의주부윤(義州府尹) 김여물(金汝岉)의 비문을 쓰시며 말하기를, "같이 노시던 분은 모두가 걸출한 선비였다. 의주부윤(義州府尹)을 지낸 서익(徐益)과 구성부사(龜城府使)를 지낸 임식(林植)과 가장 친하였다. 두 공이 다 같이 모친이 계셨는데 매양 생신을 맞게 되면 공은 친모를 모시듯 하였고 두 공도 역시 그리하였다."고 하였다.

> 淸陰 金先生撰「金義州汝岉碑」云: "所與游盡魁士, 徐 義州 益·林 龜城 植最合, 二公皆有母, 每遇壽節, 公奉之如其大夫人, 二公爲之亦然."

김성일(金誠一)이 나주목사(羅州牧使)로 있을 때 암행어사가 내려와서 임식(林植)의 집(나주읍 송현재(松峴齋). 읍에서 가까운 거리에 있다.)에서 유숙하게 되었다. 임식(林植)이 비밀히 나주부에 통지를 하였더니 성일이 관대(冠帶)를 정제하고 객사대청(客舍大廳)에서 기다리고 있었다. 한편 음식과 반찬을 성대히 준비해 보내면서 임식(林植)으로 하여금 집에서 사사로이 장만한 것이라고 하게 일렀다. 또 사람을 시켜 동정을 살펴 즉시 전하라 하고 기다리다가 어사가 취침했다는 소식을 듣고 비로소 의관을 벗고 사실(私室)로 돌아갔다. 성일은 강직하여 남에게 굴하는 법이 없으나 치적은 제일이었다. 이는 한 어사를 두려워함이 아니라 바로 남의 신하로서 왕이 보낸 사람을 공경한 것이니 그 예절은 당연히 이러하였다.

金誠一爲羅州牧使, 暗行御史宿於州人林植家. 植密通於府, 城一正冠帶, 伺候於客館大廳, 盛備盤羞, 使植稱私饌, 而進之使人相繼, 傳語探御史就寢, 始解衣冠, 歸私室. 誠一彊直, 不屈於人, 治又爲第一, 非畏一御史也, 而直以人臣敬王人, 其禮當如是也.

선조 때 임식(林植)이 친상을 당하여 나주에 계셨다. 이때 무장현감(茂長縣監) 서익(徐益)[293]이 조문을 왔었다. 가난한 상가라서 제사지낼 쌀이 떨어졌다 하니 서익은 머리를 끄덕이며 그럴 것이라 하고 돌아가더니 며칠 지나서 백미 삼백 석을 상가로 보내왔다. 임식(林植)도 어려운 빛도 보이지 않고 말없이 받았다. 두 분의 정의는 막역(莫逆)한 사이였고 도량은 한없이 넓어 의협심(義俠心)에 치우치면 법도 두려워하지 않는 것이 이러하였다.

이상의 두 가지는 유몽인(柳夢寅)의 어우야담(於于野談)에서 나온다.

---

293) 서익(徐益) : 조선중기의 문신. 선조 2년 별시문과에 합격. 이조 · 병조좌랑을 역임. 외직으로 서천군수 · 안동부사 · 의주목사 등을 역임하고 이율곡과 정송강으로부터 지기지우로 인정받았다. 은진의 갈산서원에 배향되었다.

萬曆中, 林植居喪住羅州. 時徐益爲茂長縣監往吊之, 以貧喪乏祭米爲辭, 益領之而去, 不數日, 馱白粒三百石, 以輸喪家. 植不色難, 無辭而受. 兩人相許莫逆, 度量甚宏, 而其任俠不畏法若此.

右二條, 出柳夢寅『於于野談』.

공을 금강서원(錦江書院)에 배향할 때의 도내 유림(儒林) 장문(狀文)

엎드려 생각건대, 도학과 절의가 있는 선비는 당세에 표준이 되고 후배 학자들에게 모범이 되나니 사당을 세우고 제향을 올려 선비들이 의지하고 학문을 닦는 곳으로 하였습니다. 이는 진실로 국가에서 도의를 숭상하고 교화에 힘쓰는 전례(典禮)가 되었습니다. 지금 나주(羅州)에 금호(錦湖) 임선생의 사당을 옮겨 세우는 일은 진실로 사림(士林)이 의논하지 않고도 다 함께 하는 일이기에 감히 대략의 전말을 써서 합하(관찰사)의 민정을 살피는 정무에 우러러 호소하니 특별히 채납해 주소서.

대체로 금호선생은 산악의 정숙한 기운을 부여받고 관민(關閩)[294] 연원의 학통을 얻어 분서(粉署)[295]와 은대(銀臺: 승정원)에 출입하고 유림의 어진 사람 중에 영수가 되어 사악한 자들을 미워하고 물리침에 조금도 회피하는 일이 없어 을사사화의 참화를 가장 혹독하게 받았습니다. 당시 연세가 겨우 34세인데 조용하게 목숨을 버리면서 말하고 웃는 모습이 태연하였으니

---

294) 관민(關閩) : 관은 송대의 학자 장재(張載)가 살던 곳. 민은 주자가 살던 곳. 곧 정주학을 이르는 말이다.

295) 분서(粉署) : 상서성(尙書省)의 다른 이름. 상서성은 조선시대의 의정부에 해당된다.

만일 평일의 소양이 정대하지 않았다면 어떻게 이와 같을 수 있겠습니까? 젊은 나이에 금강으로 돌아와 사약을 받고 자진하기를 마치 평지를 걷는 것처럼 하였으니 이것이 선생의 젊은 때 노성(老成)한 기절의 시종이었습니다. 역사책에서 고찰해 보건대 백년 뒤에도 그 인물됨을 상상하여 볼 수 있으니 진실로 당세의 표준이 되고 후학의 모범이 된다는 것은 바로 이런 것이 아닙니까?

일찍이 보건대 중종께서 문무의 전재(全才)로 허여하시고 중국의 사신은 다재(多才)로 칭찬하고 퇴계는 매양 기남(奇男)으로 칭하고 양곡(陽谷 : 蘇世讓)은 참된 선비로 추숭하고 권충정(權忠定: 撥)은 실성을 하면서 울었고 김하서(金河西 : 麟厚)는 동량지가(棟樑之歌)에서 선생의 평생을 증거 할 만하다고 하였습니다. 또 위인 호사(偉人豪士)로 바른 도리를 지키고 소양이 깊다고 한 것은 우암(尤庵) 송선생이 문집 머리에 쓴 서문이고 높은 재주와 정직한 기절은 속이 막혀 눈물이 흐른다고 한 말은 문곡 김상공(金相公: 壽恒)의 마음을 드러낸 글입니다.

유고를 인쇄에 부침에 있어 앞에 칭찬한 말은 서하(西河) 이공[李敏敍]의 의리를 사모하고 어진 사람을 좋아하는 정성으로 후세에 오래 전하도록 하였습니다. 사당을 세우고 제향을 올리는 일은 우리나라 여러 명현들의 뒤에 있어서는 안 되거늘 당시 사림의 여론이 미처 미치지 못하여 별도로 혼령을 편히 모시는 장소를 만들지 못하고 다만 나송재(羅松齋 : 世纘)[296]의 사

---

296) 나세찬(羅世纘 1498~1551) : 조선전기의 문신. 본관은 나주(羅州). 자는 비승(丕承), 호는 송재(松齋). 성균생원(成均生員) 빈(彬)의 아들이다. 1525년

우(祠宇)에 추후 배향한 것은 다만 금호공이 송재와 태어난 세상도 같고 학문도 함께 하고 문장과 덕업도 서로 비슷하였기 때문입니다. 그러나 그 곳은 공이 평일 거닐던 곳도 아니고 그 사당도 동시에 함께 배향한 곳도 아니어서 일의 자취가 구차하고 엉성하였습니다. 이리하여 추배(追配)할 때도 이미 편치 못하다는 여론이 있었고 봄가을로 제향을 올릴 때에는 전후 주객(主客)의 이의가 없지 않았습니다. 비록 고의로 간격을 두자는 뜻은 아니었으나 본원(本院)에 주벽(主壁)이 하나라는 이유로 보면 사체 상 편안하지 못하여 말을 하지 못할 자가 있습니다. 이는 진실로 당시의 잘못된 처사였고 오늘로 보더라도 어긋나는 일입니다.

서원을 별도로 세우자는 일은 부득이한 데서 나온 것이고 비록 큰 줄거리로 말하더라도 온 나라 사녀(士女)들이 말하고 듣는 자는 금호선생이 있는 것을 알지 못하는 자가 없는데 금호선생의 사당이 어느 곳에 있는지조차 알지 못하니 이는 대개 선생을 다른 사람의 사당에 추배하여 시대가 바뀌고 세상이 멀어져서 영혼과 자취가 오래된 소치입니다. 선생의 도학이 이처럼 탁월하고 선생의 절의가 이처럼 위대한데 선비들이 의지하는 곳이 이와 같이 인멸되었으니 이는 어찌 지방 선비들의 부

(중종 20) 사마시에 합격하고 1528년 별시문과에 급제, 나주·황주의 훈도(訓導), 성균관학유를 거쳐 예문관검열이 되었다. 1544년 이조참의로 특승(特陞)된 뒤 승정원동부승지·성균관대사성·판결사를 거쳐, 대사간으로 있을 때 윤원형(尹元衡)이 유관(柳灌) 등을 탄압하려 하자 이를 반대하다가 체직당하였다. 두 차례의 장원급제로 문명을 떨쳤으며, 권신을 서슴지 않고 탄핵하는 기개가 있었다. 나주의 송재사(松齋祠)에 제향되었다. 저서로는 『송재선생유고』 4권이 있다. 시호는 희민(僖敏)이다.

끄러운 바가 아닙니까? 생(生) 등이 지방의 여러 선비들과 의논하여 금수(錦水)의 북쪽 용강(龍江) 위에 땅을 골라 놓았으니 여기는 대체로 선생께서 왕래하시면서 글을 읊던 곳이니 이곳을 선생의 혼령을 편히 모시는 장소로 하였습니다.

또 생각건대 송파(松坡) 선생은 선생의 어진 조카로 가정의 학문을 이어받았고 벼슬을 버리고 물러나와 은거하면서 나라에서 여러 번 불러도 나아가지 않고 확고하게 뜻을 바꾸지 않는 지조가 있었습니다. 부해정(浮海亭) 가에 지초와 난초를 심어 그 속에서 늙어가고 조수가 들어오면 외로운 배를 띄웠으니 그의 고결한 뜻을 볼 수 있습니다. 이에 크게 선배들의 추중한 바가 되고 율곡 선생 방(榜)의 17명현 속에 들어 있으니 선비 된 자 누구인들 우러러 높이지 않겠습니까? 그러나 여론이 자꾸만 지연되어 제사를 올리는 예도 뜻대로 못하였으니 사림의 탄식을 이루 다 말할 수 있겠습니까? 병산(屛山) 형제를 충현사(忠顯祠)에 배향하고 동래(東萊) 부자를 용산서원(龍山書院)에 함께 올리니 이 아버지와 아들은 전후로 봉향함이 마땅하였습니다.

지금 금강서원을 중수(重修)하는 날을 당하여 장차 송파공도 함께 제향을 올릴 계획을 하고 작년 가을에 공사를 시작하여 거의 반은 이루었는데 일은 크고 힘이 부쳐 형편상 장차 중단할 형편이 된 고로 감히 한 목소리로 호소하옵니다. 엎드려 빌건대 합하(閤下)께서는 특별히 도의를 숭상하고 교화를 가다듬는 전거로 생각하시어 이 공사를 돌보시는 일로 공문을 본주(本州)에 내리시어 큰일을 완수하게 하고 사림들을 더욱 빛내주시기를 천만 간절히 비는 바입니다.

躋公錦江書院道內儒狀[朴亮東·金潚等二百五十七人]

伏以道學節義之士, 可以表準於當世而矜式於來學, 則祠宇之籩豆之, 以爲章甫依歸藏修之地, 此固國家尊尙道義, 風礪世敎之命典也. 今於羅州, 錦湖 林先生院宇之移建, 寔爲士林不謀而同者, 玆敢梗槪顚末, 仰籲於閤下觀風之政, 特賜採納焉. 盖惟錦湖先生, 稟山嶽精淑之氣, 得關·閩淵源之緖, 出入乎粉署·銀臺, 領袖於儒林賢流, 嫉惡斥邪, 無小顧避, 乙巳之禍, 受之最酷. 年僅三十四, 而雍容舍命, 言笑自若, 如非平日所操之得其正大, 烏能如是乎? 年甫弱冠, 回鞭錦江, 仰藥就盡, 如履平地, 此先生小少老大之氣節始終也. 考諸竹帛, 想見其人於百禩之後, 則倘所謂當世之表準, 來學之矜式者, 非耶? 嘗觀夫中廟許以文武; 華使奬以多才; 退溪每稱奇男; 陽谷嘗推眞儒; 權忠定失聲而哭; 金河西棟樑之歌, 可質乎先生之平生也. 且夫偉人豪士守正養深, 尤庵 宋先生弁卷之文也; 高才直氣, 中咽涕下, 文谷 金相公發揮之篇也. 鋟梓馥蕎闡揚稱引, 則西河 李公之慕義好賢之誠, 致其壽後也. 祠宇之設, 籩豆之享, 宜不在我東諸賢之後, 而果以當時士論之未遑, 不能別建妥靈之所, 追配於羅松齋祠宇者, 祗爲錦湖之於松齋, 其世同, 其學同, 文章德業, 亦不相上下故也. 然其址也, 旣非平日杖屨之所也; 其宇也, 亦非同時共設之享也, 迹涉苟艱, 事同草率. 厥自追配之時, 已有未妥之議, 而至於春秋祭享之際, 不無前後主客之異, 雖非故爲差間之意, 而抑亦主一本院之由, 則事體之難安而多有不可言者, 此實當時之欠典, 而目今之差事也. 別設之擧, 有不容已, 而雖以大關節言之, 一邦士女之能言而能聽者, 莫不知有錦湖先生, 而曾不知錦湖祠宇之在於何處,　此盖以先生之寄享, 而時移世遠靈跡惟古之致也. 先生之道學, 如彼其卓越; 先生之節義, 如彼其奇偉, 而章甫依歸之地, 如此其湮沒, 此豈非青襟者之厚羞耶? 生等, 乃與一方諸儒相議, 卜地於錦水之北龍江之上, 此盖先生之往來嘯咏之地也, 以爲別建妥靈之所. 而且念松坡先生, 以先生之賢姪, 襲家庭之訓, 棄官退隱, 累徵不起, 廓乎有不移之操. 浮海庭畔 芝蘭虛老, 晩潮孤舟, 可見其高潔之志. 大爲先輩所推重, 而列在於栗谷先生榜右七十名賢, 則其爲章甫者, 孰不景仰? 而公議遷延, 尙欠俎豆之禮, 士林之慨恨, 可勝言哉? 屛山兄弟, 宜配於忠顯之廟, 東萊父子, 合享於龍山之宇, 則是父是子, 宜前宜後. 今當重修之日, 將爲合享之計, 昨年秋, 營始工役, 幾至半途, 而役巨力綿,　勢將中掇, 故敢爲齊聲呼籲. 伏乞, 閤下特軫尊尙道義、風厲世敎之典, 顧護功役事, 題下本州, 俾完大事, 增光士林, 千萬祈懇之至.

송파공유고발

아! 우리나라 사림의 화는 한 번이 아니었는데 을사사화의 화가 가장 혹독하였고, 화를 입은 여러 명현들은 누가 억울하지 않을까마는 금호공이 화를 받은 것이 가장 혹독하니 가장 억울한 자도 금호공이다. 어지러운 세상에 개탄의 마음을 가지고 순절한 사람이 어찌 한이 있을까마는 도마 위에 올라가 적의 칼을 받으면서 그 혀가 잘리고 배를 해치되 시종 굴하지 않았으니 이는 순절한 일 중에 가장 어려운 일로 관해공(觀海: 林檜)이 바로 그 사람이다.

명종・선조의 때를 당하여 여러 명현이 배출되었는데 문장과 재덕이 젊은 나이에 뛰어난 사람은 송파공이 아닐까? 일찍이 벼슬길에 올라 크게 쓰임이 마땅한 듯하였지만 움직이면 배척을 당하여 하위에서 고초를 받으면서 나이 오십도 되지 않아 벼슬길을 버리고 시골에 물러나 살면서 시・부(詩賦)로 스스로 즐겼으니 공이 조짐을 본 것은 종일을 기다리지 않았다[不俟終日][297]고 할만하다. 이렇기 때문에 당시의 명현들이 칭찬하고 허여하는 말을 많이 하였고 유 참판(兪彦述)이 공의 묘표를 지으면서 이르기를, "사화에 죽었지만 동경(東京 : 동한(東漢)의 수도 낙양)의 범방(范滂)・이응(李膺)과 같은 풍도가 있는 사람은

297) 종일을 기다리지 않았다[不俟終日] : 불길한 조짐이 있으면 하루를 기다리지 않고 곧바로 물러섬. 『周易』 繫辭下.

금호공이 아닌가. 절의에 죽으면서 수양(睢陽)의 장순(張巡) · 허원(許遠)을 사모한 사람은 관해공이 아닌가? 숙부가 되고 아우가 되는데 혼탁한 세상에 함께 걸어가면서 생명을 유지한 것은 송파(松坡)거사가 그들과 같지 않으면서도 같은 것이 아닌가?" 하였다.

아! 공이 문무를 겸한 재주로 만약 조정의 위에 있으면서 임금의 치적을 도와 계책을 내세웠으면 그 조처하는 일과 시행하는 일이 반드시 크게 지나침이 있을 것인데 세상에서 그를 알아주는 자 없음에 몸을 깨끗이 하고 세상에서 숨어 얻고 잃는 것으로 마음에 기뻐하거나 언짢아하지 않았다. 때문에 일찍이 해바라기를 읊은 시에 이르기를, "다만 하늘이 부여한 해를 향하는 천성을 온전히 하여 사람들이 일반 풀과 같이 보아도 한하지 않는다.[只全天與傾陽性 未恨人看衆草同]"고 하였으니 이 하나의 절구에서 공의 소양을 볼 수 있다.

공이 세상을 떠난 지 삼백년이 되었는데 탁월한 행적과 아름다운 법도와 주옥같은 시는 모두 임진·계사의 병란에 잃어버리고 현재 약간 있는 것을 선현의 문집 중에서 수습하여 모았으나 한 권의 책이 되지 못하였다. 이 때문에 인쇄에 부치지 못하였더니 지금 논하는 자들이 아깝게 여겼다.

내가 벼슬을 그만두고 집에 거처하였더니 척질(戚侄) 상두(相斗)가 공의 시를 소매 속에 넣고 찾아와 나에게 위촉하면서 이르기를, "나의 선조의 잔여 원고가 오랠수록 진본을 잃어버려 없어지게 되겠기에 지금 인쇄에 부치니 나를 위하여 발문을 써주지 않겠는가?" 하였다. 나는 본래 문장에 익숙지 못하여 공의 훌륭한 모습을 표현할 수 없지만 사실을 뽑아 찬양하는 일은 이미 홍 대감(洪敬謨)의 서문에 다 말하였으니 내가 어찌 더 말을 하겠는가? 나는 가만히 느끼는 바가 있으니 선생의 문장 기절과 집에서의 아름다운 행실 그리고 조정에서 직간한 상주문이 없어져 남은 것이 없으니 이것이 한탄할 일이고, 문집이 세상에 오래 전하는 것은 그 사람의 현명함과 그 시의 바른 데 있는 것이요 시권의 많고 적음에 있는 것은 아니니 무슨 손상이 되겠는가? 드디어 이렇게 기록하였다.

병오년 중추 통정대부 승정원 좌승지 전행대사간
광산후인 김낙용(金洛龍)298) 삼가 발문을 쓰다.

松坡公遺稿跋

嗚呼! 我朝士林之禍 非一, 而乙巳之禍最酷. 被禍之諸賢, 孰不寃矣, 而錦湖之受禍最酷, 則最寃者, 錦湖公也. 板蕩之世, 敵愾殉節者, 何限而至於登俎上, 而受賊刃斷其舌, 而披其腹終始不屈, 則殉節之中最難者, 觀海公矣. 當明・宣之朝, 名賢輩出,

---

298) 김낙용(金洛龍 1777~1853) : 조선후기의 문신, 字는 덕중(德仲), 호는 만취당(晩翠堂), 아버지는 첨추 행건(行健)이다. 1801년(순조 2) 식년시 문과에 을과 7인으로 급제하여 내직으로 성균관 전적・사간원 정언・승정원 좌승지 겸 경연참찬관・춘추관 편수관을 거쳐 대사간에 승진하여 동부승지에 이르고 외직으로 여러 고을을 역임하여 초산부사에 이르렀다. 그 초산에 재임할 때 봉급을 출연하여 서적을 구입해서 재생(齋生)으로 하여금 수업하여 가르치기를 게을리 하지 않으니 겨우 1년이 지나 북방 풍속이 개선되어 빈빈한 문장의 선비가 많이 나왔다.

而文章才德 妙齡竣望者, 其非松坡公耶? 發軔名途, 宜若大用, 而動遭排擯, 阨於下位, 年未知命, 脫然棄官, 退居江湖, 詩·賦自娛, 公之見幾, 可謂不俟終日矣. 是故, 當世名賢多有奬許之言, 而兪參判之撰公墓表有曰: "死於禍而有東京 范·李之風者, 錦湖翁耶! 殉於節而慕睢陽 張·許之忠者, 觀海公耶! 以爲叔以爲弟, 而逶遲於濁世之中者, 松坡居士之不同而同者耶?" 噫! 以公之文武全才, 若處於廊廟之上, 贊襄謀猶, 則其措處施爲必有大過人者, 而世旣莫我知, 則潔已遯世, 不以得喪欣慼於心, 故嘗有咏葵詩曰: "只全天與傾陽性, 未恨人看衆草同." 觀此一絶, 可見公之素養矣. 公之去世, 距今三百年, 則其卓行懿範、咳唾珠玉, 盡逸於壬·癸之兵燹, 百無一二, 其如干見存, 掇拾於諸賢集中而不足以成編, 故尙未得鋟梓, 時論者慨惜. 余休官居家矣, 戚侄相斗袖公詩, 踵門而囑余曰: "先祖之殘藁剩馥, 愈久而愈失幾地泯滅, 故今付剞劂, 盍爲我跋之?" 余素不嫻於文辭, 不足以像公之英賢, 而拓實讚揚, 已於洪台弁卷之文盡之矣, 又何贅焉? 余竊有所感者, 以先生之文章氣節, 居家懿行, 立朝諫章, 蕩然無餘, 最可歎者, 而集傳之久壽於世者, 在乎其人之賢, 其詩之正, 不在乎卷軸之多寡, 有何傷焉? 遂爲之記.

丙午仲秋, 通政大夫承政院左承旨前行大司諫
光山後人金洛龍謹跋.

松坡集序

詩之名於虞書始而曰詩
言志志者性情之所之詩
本乎性情者也在心爲志
志發爲言言出成歌協于
聲律大者和其聲以鳴國
家之盛次亦足抒情寫懷
有觸于情卽可以容其性
靈是詩本乎性情而人品
心術亦於是見自三百篇

松坡公遺稿序

後漢魏之古體唐宋之近
體蔚然而盛千變萬化不
名一體而終以人品心術
爲根柢人品高則詩格高
心術正則詩體正總之不
出乎言志而其抒寫性情
一也松坡林公生乎
明宣盛際登高科平步於
銓郎玉署之間以錦湖之
從子阨於時宦不顯退而

終老於湖鄉蓋其志高行潔氣義風節皆不欲居古人下而遭逢坎壈不得與稷契皐夔共裹唐虞之治抑欝憂愁無所發洩一寓於詩故其爲詩性情篤至寄託遙深雖於困頓悱惻之中天趣盎然心靈自露不乖乎溫柔敦厚之正觀乎集中詠葵花自觧而詩

亦足以知公之志而發乎情止乎禮義者矣今其後孫相斗掇拾兵燹中殘膏剩馥將付剞劂氏託以弁首余雖不文心焉儀之遂不辭而序之噫公以錦湖爲叔觀海爲弟而錦湖死於禍觀海殉於節公遯於錦湖觀海之世猶能免錦湖觀海之禍斯可以想見

其爲人而讀其書尤當知
其人也公之於今邈然若
上世人而誦其遺篇想其
遺情深致宛然如對几席
間謂之親見公可也詩者
性情之所之與人品心術
之所見殆不誣乎

丙午仲夏輔國崇祿大
夫原任吏曹判書弘文
館提學洪敬謨謹書

松坡遺稿目錄

鸎鳩笑大鵬

賦海棠

過唐城舊居

十里荷花

松坡公行蹟

松坡公墓表

嘉靖甲子司馬榜十七名賢

書林松坡司馬榜叙後

諸家集說

右二條出柳夢寅於于野談

請公錦江書院道內儒狀

松坡遺稿

五言律詩

淸和節

一國春去盡天氣轉淸和絮罷風前舞鶯傳雨後歌

詩情閑處懶碁思客來多爲向隣翁問墻頭酒可過

浮碧樓板上 出松塘集

秋水澄澄碧蘭橈緩緩移絃鳴銀作甲歌咽黛低眉

[illegible]多情趣金樽到處隨東南盡羨客高會可無詩

贈李莘高

以悟胃中律音神指下絲九江流浩渺三峽勢參差

氣奮歌鍾夜魂傷出塞時悠然譜外思惟有子期知

李上舍 好問 溪亭

野路籃輿穩柴扉訪故人碧溪衝雨漲紅藕滿[illegible]

草草盃盤味勤勤笑語親嚴程不可住臨別重[illegible]

七言絶句

自解

芝蘭虛老澗邊生春鳥多情萬谷鳴十里長波[illegible]

[illegible]孤舟寥落晩潮橫

[illegible]花向日紅

綠盡千林花事空一叢[illegible]際媚深紅只全天[illegible]

性未恨人看衆草同

大同江次樓船韻 出平壤誌

長洲烟樹夕陽多寶瑟瑤箏倚艶歌芳醑百壺人欲
醉瀨舡離恨一江波

原韻　鄭知常

雨歇長堤草色多送君南浦動悲歌大同江水何
時盡別淚年年添綠波

次韻　孤竹崔慶昌

水邑悠悠楊柳多小舡遙唱采蓮歌紅衣落盡秋
風晩日暮芳洲生白波

次韻　徐萬竹 益

南湖士女采蓮多曉日明粧相應歌不到盤[illegible]不
回棹有時遥渚阻風波

次韻　蓀谷李 達

蓮葉參差蓮子多蓮花相間女娘歌歸時約伴橫
塘口辛苦移舟逆上波

開城懷古 四首

西關多病滯征途雨後凄風正粟膚暮入故都烟草
[illegible]

又

[illegible]為紅柑護麼城城邊立馬獨多情丘陵何處王侯
宅幾日寒蕪一望平

又

[illegible]水玲瓏隔越閑石橋崩敗路纔分雄圖赫業今何
處松偃荒臺空夕曛

又

[illegible]第池臺處處疑黍離陵谷市朝移夕陽野草烏衣
[illegible]千載重吟夢得詞

用思菴[illegible]大[illegible]書靈鷲軸

[illegible]山十載舊因緣終[illegible]烟霞鎖洞天踏盡錦峰成信
宿不堪清枕動齋筵

原韻　[illegible]朴[illegible]

[illegible]友清虛斷世緣白頭重入妙香天[illegible]若[illegible]
[illegible]使莫[illegible]官書擾梵筵

七言律詩

寧邊壁上韻 萬曆己卯秋

百年仙境老風烟多少分留在檻前瑤草玉[illegible]上
[illegible]雲泥水洞中天爐峯八聖[illegible]
[illegible]

又

□亭如畫樹如烟倦客登臨爽氣前平野界分雙潤
大亂峯環簇一區天陳朱俗舊寧嫌𫝀歧路筋疲且
借筵南北十年窮勝覽此身堪笑亦堪憐

寄別金(繼輝)重聯令使以 宗係奏請朝京
是行也不成不返有埋骨燕山之志故第四句及之

秋月娟娟秋夜遙故人箕斗渺相思半生榮落丹心
太異艱危白骨期誣枉已云天日照精忠況復鬼
神知明春舉國迎新命揮淚同瞻 聖主悲

題李(迥)溪亭

小構翬飛柳岸東華簷虛受月溶溶林園契熟君專

勝鴉鷺縱危我捉風暮靄蹟迷青琬琰清霜凋盡碧
葉落門前最愛滄浪水一脉朝宗意味同

盆池種蓮

移得靈根小砌邊香泥清水性能全不須大葉[illegible]
蓋且看新心卷綠綫紅藕待將高士詠詩誰許共
人來年深自愛寄廬好未敢煩君七澤遊

答寧邊林明府　萬竹徐 瑩

秋葉相思春草連天時人事共推遷書從古塞來
千里客到新正老一年雪壓野樓依舊白月臨關
留幾回圖浮生未必長離別會有爐峯變作川

贈龜城林明府　蓀谷李 達

八月邊霜近授衣北風吹葉鴈南飛誰憐范叔寒
如此自笑蘇秦困未歸家在海西音信斷客來關
外故人稀燈前暫結思鄉夢秋水烟沉舊釣磯(國朝)
詩刪批絶佳之作

再用前韻仰謝金公楓巖(德普)

音容脉脉數旬間日日腸回在碧巒老去生涯長寂
寞病來心緒益酸寒驚聞喜鵲鶯士至欣奉香牋綺
語看千里詩篇能替面況今相望一重山

楓巖金公次韻(二首)

同病相思咫尺間心隨流水出雲[illegible]輕霞朗日愁
腸苦涼月清宵望眼寒細意每憑言外覓幽懷却
向句中看沉痾各祛秋風後願逐飛笻更上山

又

藉草傾壺水石間待君終日望林巒春楓葉裏藏
朝露老樹枝邊釀夕寒飛瀑最宜眠後詠層巖絶
勝醉中看此時此景誰能記惆悵頹然枕碧山

輓白(仁傑)休菴

孤忠一代無雙士獻納三更獨啓人山嶽有情生此
老歸泉應復作星辰

贈龜城林明府　蓀谷李達

八月邊霜近授衣北風吹葉鴈南飛誰憐范叔寒如此自笑蘇秦困未歸家在海西音信斷客來關外故人稀燈前暫結思鄉夢秋水烟沉舊釣磯 國朝詩刪批絶佳之作

再用前韻仰謝金公楓巖 德普

音容脉脉數旬間日日腸回在碧巒老去生涯長寂寞病來心緒益酸寒驚聞喜鵲鸞士至欣奉香牋綉語看千里詩筒能替面兄今相望一重山

楓巖金公次韻 二首

同病相思咫尺間心隨流水出雲巒輕霞朗日愁腸苦凉月清宵望眼寒細意無憑言外覓幽懷却向句中看沉痾各祛秋風後願逐飛筇更上山

又

藉草傾壺水石間待君終日望林巒春楓葉裏藏朝露老樹枝邊釀夕寒飛瀑最宜眠後聽層巖絶勝醉中看此時此景誰能記惆悵頹然枕碧山

輓白 仁傑 休菴

孤忠一代無雙士獻納三更獨啓人山嶽有情生此老歸泉應復作星辰

附諸賢輓

輓林松坡　松塘俞泓

文武全才世幾人如公卓犖古無倫三年西塞逢奇數萬里南圖隔要津江上黃花同把酒天涯白髮兩衰臣舊遊追憶徒增感一寫哀辭剩濕巾

又

別憶箕城夕三年阻一書他鄉難辱駕今世禾爪裾無復同盃葛誰爲下榻徐哀辭和淚寫樑月五更初

輓林松坡　五山車天輅

龜城林府伯豪俠冠當時破的弓初勁侵人語吐奇秋陞非不可官落實堪悲最惜西湖雪僊詩笠柏枝

雜著 窮意此君公晚年作浮海亭而將終老焉者出自解

予友諸葛孔明躬耕隆中擇其可居者構舍數楹顏之以茅爲棲息之所索予爲記予曰此非予宜居也記爲夫君子幼學壯行必以兼德爲務豈但獨善而已乎予以王佐之才行孝悌之道自齠齔以至于今不忘其積身中者不既多乎漢業累仁之業爲奸臣所竊始桓靈豫迄于帝益壞而懷大材者所當不

附諸賢輓

輓林松坡　　松塘俞泓

文武全才世幾人如公卓犖古無倫三年西塞逢
奇數萬里南圖隔要津江上黃花同把酒天涯白
髮兩衰臣舊遊追憶徒增感一寫哀辭剩濕巾

又

別憶箕城夕三年阻一書他鄉難屢駕今世永孤
裾無復同盃葛誰爲下榻徐哀辭和淚寫樑月五
更初

輓林松坡　　五山車天輅

龜城林府伯豪俠冠當時破的弓初勁優人語吐
奇秩陞非不可官落實堪悲最惜西湖雪僅封塋

拾枝

雜著（窃意此書公晩年作浮海亭而讃終老爲者出自解）

予友諸葛孔明躬耕隆中擇其可居者構舍數椽覆
之以茅爲棲息之所索予爲記予曰此非予宜居[illegible]
用記爲夫君子幼學壯行必以兼德爲務豈但獨善
而已乎予以王佐之才行孝悌之道自齠齔以至于
今不怠其積身中者不旣多乎漢業累仁之業焉若
臣所竊始極靈淼迄于帝益壞而懷大材者所當[illegible]

也今旣多積之奇遇當香之時雖然置然于此而不
可得則四方之志豈久於一室而止哉

謝方伯書

儀莫方切伏承令問就審巡履萬福感慰[illegible]公[illegible][illegible]
[illegible][illegible]生自[illegible]眩亂孤也[illegible]欲棲於湖南而西而無尺
地可依綿[illegible]海曲曾有一奴築[illegible]無田姑[illegible]便泥決
[illegible]於野土[illegible]不能容[illegible]天氣[illegible][illegible]如入烘爐日夕熏
生已得[illegible]濟加以素之資產[illegible][illegible]不繼縣無晋扉公
[illegible]亦不得受只手難[illegible]坐待[illegible]斃今蒙矜送之云一
洪[illegible]轍感幸則深無乃更惹日舌耶悚怕然擬死實

大伏候[illegible]到更修謝狀蓋斗雖切於菜食亦無從可
求伏想營儲有裕或可蒙濟耶陋止正是海昆地勢
奇勝湖泊[illegible]前松林[illegible]屋無涯迦畢濕之患欲因安
[illegible]以爲終老之所時無二頃不敢自必留此地距洪
州三十里早晚或得一[illegible]另以[illegible]敷之入出入州府
爲[illegible]耳即今聞節水營將轉向舒莘云巡臨[illegible]地爲
日尚遠瞻慕瞻慕

附表詩

（謹按諸先生集中抄載科體不盈數而公之吟詠盡逸於壬癸之兵燹見存無幾只有若干詩編今刊公集於數百年之後則灰餘斷律不足以成編而其句章餘存者科體則不敢刪[illegible]）

故依所存謹錄焉

表 此表則公之登第時作

江州刺史周述請以九經賜白虎洞學徒

天下被文明之化蔚興好學之徒偏方少經籍之全
盍降賜書之命肆陳勸迪之道冀達輔翼之聰欽仁
恕守成恭儉好士潛晋邸而養德累仁之天命方新
幸賢關而横經崇儒之令聞不已凡在作成之道咸
盡鼓舞之方矧廬江鹿洞之肇基自南唐李渤之爲
塾爲鄉黨共學之所洋洋絃誦之至今集千百就道
之流濟濟衣冠之在此維力學之孔勤奈博文之多

闕惟九經乃前聖之遺訓求道者非此莫由揭萬古
爲後學之指南修身者捨玆何以感善懲惡三百之
皆無邪建極執中五十之篇可攷禮樂有敎和序之
用燦然春秋謹嚴筆削之義凜若魯論開示聖學斂
書務去異端孝爲百行之原玆皆做人之柾樸易乃
四聖之與孰非作成之階梯文不在玆乎小子由是
有造道之將行也大化致乎無窮聖體敷文於夏謨
特降日兪之旨稽賜籍於唐史丕闡式穀之猷則愚
者明柔者彊人皆果能此道擊其蒙開其蔽訛不與
起斯文當勉係一身恪守百里闔郡絃誦縱有愧式

城之割鷄共理循良庶幾追文翁之化蜀

詩

悔敎夫婿覓封侯

銀屏羅幌曉眠迴獸炭金爐閨閤幽東窓紅日破輕
寒珠玉粧成登翠樓無端觸目陌上柳幽怨暗結脩
眉頭良人塞上遠從軍魚鴈不到今三秋狠居未勸
驃騎功錦機謾織蘇娘愁憶昔癡步送君時期君未
晩應封侯街頭起第敵朱門與君共享無彊休那知
夙計坐成空日月未住長江流春寒深鎖七寶閨南
原花事尋無由高樓今日試登臨依然物色揩雙眸

爪明知是別時贈受風軟綠搖輕柔春光歲歲不相
違夫壻如何長遠遊流年一去難再來人心倏忽如
泡漚他時縱得萬戶封鏡裏紅顔那可留靑年虛負
別離中滿頰淸淚憑誰收華落鶯子莫相喚碧沼鴛
鴦余爾羞庭前芳草亦多情墻角殘梅香正浮年光
如許奈爾何且酌金罍寬我憂

邯鄲宮人下嫁廝養卒婦

紅顔綠鬢絶代色名壓邯鄲千美人三生其奈賦命
薄下嫁却與廝徒親昏朝井臼任辛苦滿腔怨恨憑
誰伸憶昔年少在宮時自恃佳麗無等倫牙梳理髮

翠雲整鸞鏡畫眉蛾黛均樽罍殿閣日連夜絃管池
臺秋復春錦裾搖曳玉樓風羅襪穩踏瓊筵塵翩翩
垂手學輕鴻累累珠貫生丹脣瓊杯翻汚鬱金裙粉
汗輕濕香羅巾宮中虛作百年計豈念世事朝朝新
繁華盡逐水東流蓬門寂寞關判椽餘生已付哀駘
駝名字還爲編戶民長眉消黛臉消紅玉顏並帶千
愁頻夜織常借壁後燈曉汲每惧征夫嗔青裙白髮
日衰謝誰識舊時珠翠身山蕪毋憶紫騮美蓬席不
似雲錦茵東風明月杜宇春白蘋井梧愁夜晨悠悠
徃事入長吁玉筯揮盡空傷神生涯如許可奈何撞

頭無路吁蒼旻宮門望斷白雲深嵜身且食夫家貧

代琵琶女答江州司馬

潯陽江畔秋正晚荻花風露寒颼颼江空夜靜月如
晝永懷不寐憑枕樓居愁徃事感中情一曲琵琶聊
寫憂那知理調遇佳賓絲舟添得同中流妾將清弄
助清歡坐中別意何悠悠知音已荷君子聽然淚不
耐凝雙眸從前心事敢自隱斂衽欲說還增羞妾年
十三學琵琶薄技妾擬無人儔鉛華珠翠幻陋質教
坊三千誰比侔美香芬馥鬱金裙舞罷玉佩鳴琅璆
青樓日暮高宴醉王孫公子爭纏頭繁華樂事未云

幾倏忽光陰春復秋飄零竟作商家婦一生身世依
扁舟蝦蟆陵下故居在夜夜空憑魂夢遊風流舊習
有誰知只隨商販長萍浮愁來每自撫哀絃船閣幾
多空悲猶昭君昔日嫁胡地迢遞紫臺天一陬清愁
哀怨寄此曲妙譜却向人間留憶昔初學爲歡情歌
臺日日彈不休邇來翻作斷腸聲使人一聽添新愁
何幸今宵坐鼇席清談美酒惆綢繆先生曾是玉堂
仙幾從金陛呈嘉猷終然才大不自容謫宦千里來
江洲文章一世仰太山尺句短詠皆藏收帝京當日
未曾見邂逅天涯應有由從今賤名托不朽骨消黃

壤恩難酬辱詩一首類縞帶抒情且報瓊琚投

一日看盡長安花

良辰三月霽景遲錦繡園林春未殘緣何高興好相
牵看花一日窮長安蟾宮攀折第一枝積風天路鵬
初搏新恩拜罷玉階前懽心喜氣生眉端無邊光景
入頤眄掖庭花影隨千官千家園接上苑長麗日濃
陰春一般如鴻細馬禁門外驕嘶似侑郎君歡雙翻
削玉疾欲飛滿城物華輸縱觀九街烟景柳弄絲十
里風光花作團宮袍燦爛日色鮮賜醞八顏如渥丹
搖搖雙蓋自飄翻丫童百隊紛譁讙爭觀老稚似堵

墻壖溢未覺通衢寬樓臺夾路沸歌吹水晶簾捲閶
雕欄明眸多少惱春人碧紗窓開靑鎖寒嬌春景物
摠可愛花藥偏宜乘輿看紅紅白白互低仰黃蜂粉
蝶追金鞍宮花頭上雨露新一任風吹幘欹冠千林
爭似兩朶榮繁香敢與天香干韶光不獨帝城春雪
壓广江千村撲欣欣人物各得之春與恩光俱未闌
優渥翻感樂極時臨言終始徵誠殫

同李翰林白侍從宜春苑

瑞氣初昇別苑晴一朶祥雲開玉京赭黃高拱下遊
山仙風縹緲傳簫笙羊幄寒來啟錦筵分行鵠立皆

髦英非才偶竝隴西肩咫尺此日同恩榮恩波如海
沐寵臣推仁不獨先孤乾難名帝德屬康衢無像至
治愉太平淸遊多暇萬機餘禁林爽籟飄霓旌宮花
爭嫣雜仙仗千枝萬枝如歡迎黃金立激白玉肥法
部曲按新詞聲水猶盤送素鱗膾琉璃梭鳶駝峯羹
銀箭稀傳化日永千章綠樹新陰淸無邊物色摠看
光最愛金衣枝上囀綿綿蠻蠻儘自在饒舌似解娛
宸情宸情怡悅坐來極百囀聲中屢傾淸歡勝賞
兩難孤憑伏新詩聊寫成高才剩有謫仙手授簡臣
今慚馬卿空將報國平生心誤收處荷重瞳明天際

濃處近天顏却顧孤寒還自驚御醞頻宜醉欲倒浹
骨薰肌增寸誠微臣才藝類吹竽濫蒙十載躋蓬瀛
忝職曾無一字補但恐歲月流崢嶸筵臣今日寵渥
殊感激自與歡心竝酬恩無術只茫然滿耳絲竹徒
轟轟明朝握手殿門外一餉夢中遊化城

闢德殿賜宴李侍中

金殿晴開五雲裏縹緲雕甍飛半空遙聞仙樂隱九
天翠幕高捲羅臣工當筵感歡拜者誰功冠淮西新
侍中袞衣花襯錦袍光咫尺天顏恩眷隆明光昔奉
伐叛命忠武軍中陛總戎手提龍泉三尺劍臂掛白

竹干鉤弓長驅千里孰敢過壯氣直欲摧華嵩彈丸
淮蔡一蹴倒驚膽已落吳家童雄圖展處逞天威談
笑建得無前功歸來奏凱玉階前聖皇喜色浮重瞳
淮中形勢入召對前席一一傾天聽銀盤屢下御厨
膳賜醞淡骨春融融大盈開出賞珠勳羅紈金璧丘
山同征淮餘勇試擊毬渥洼八尺驕如鴻翻身馬腹
一揮臂寶帳飄忽生長風神珠忙處霹靂驚綵門斜
開飛電通三千宮女捲珠箔肩摩粉汗沾微紅至尊
含笑為忘倦半天落日雲曈朧英豪驍健絕世無雲
長孟德誰爲雄車書四海未全同侍中好勇須有終

槎驅河北掃妖氛揚厲聖烈垂無窮

報客鶴

青田藻質九皐禽丹頂玄裳氷玉翮翺翔閬苑天正
曉刷羽瑤池日未夕練山不受子晉御西湖却報林
仙來林仙自是絕俗人恬澹襟期愛幽僻生涯長門
水雲鄉高標肯爲形所役湖中白日泛小艇獨咏風
光聊自適柴扉晝日閉不開一棹江風屆白蘋門前
好客欵余報綠水返迢坂攏屬翻然長翮向何許漢
漠雲霄杳無迹湖邊尋得繫纜處側翅肯念虞人射
長鳴戛然故翩翩臆對未能如有惜憑渠知有好哉

入來訪逢蒿懸磬宅飄然理棹返柴門欣得佳賓儐
設席貧家指使此已足何用膺門童五尺青鳥誰論
金錢雙鳧不羨王喬舄惟憑畢命詩翁令德多
年服無斁遜東城郭凡傷心衛國乘軒那若華亭
唳起陸生歎酒肆舞罷千金積何如托君子哉
魂心肝堅鐵石先生一去鶴不回御仰人間已成昔
孤山此日訪遺跡千樹梅花月如雪敲門不見羽衣
報悵望雲天夜雲碧

關將軍刺顏良於萬衆圖

寨也貔貅擁孤城大野迷漫旗纛建陣前俠馬是誰
歟争道雲長天下健顏良自負萬人敵軍勢有如河
決隄將軍奮髯一嘘氣萬丈虹霓口中噴大戟揮來
白日晦鞭末長風偃百萬轟天霹靂起馬蹄捲地黃
塵迷尺寸長身八尺應臂倒三軍膽破爭逃遁雄心
豈是爲老瞞只爲當年恩一飯平生感遇大耳公赤
帝乾坤期整頓白馬一試何足道運去英雄孤宿願
何人摹取壯形儀喚起千年志士愁

今上岳陽樓

成都一別舊草堂峽中彊猿啼林湖邊晚返下蜀
船城橫百雉樓千尋奇觀飽聞天下壯老來還惻危

欄臨天空水闊杳無際半邊楚由連吳岑風軒月戶
渡平波畫甍雕棟飛層陰殘霞低襯橋林猿亂悅驚
起沙頭禽都輸萬像供一樓勝賞百年惟在今風光
偏感去國懷樓角暫開王粲襟騎驢昔日到京華彤
墀疑和南薰琴胡雛鼓亂世運蹙日邊無力清氛祲
扶顛已假李郭手拾遺愧未輸丹忱飄飄蓬梗落天
涯南北容安何曾黔峒又聞虜塵暗殺氣直向王
畿侵搖搖清蹕復何駐戟門深鎖寒烟沉孤臣憂國
數行淚憑欄沾灑情難任平生稷契志已乖許身慚
愧雙南金重華三呼杳不聞蒼梧落日愁雲深黃陵

遙想二妃泣蒼梧玉輦秋森森淚改遙接汨羅水楚之
臣餘恨增悲吟長沙指點千里平過憶賈生揮涕心
依然遺跡愴詩眸俯仰千古誰知音回頭何處是故
國天際君山攢玉簪平安欲問弟妹信鴈影忽過湘
江潯紛紛萬慮坐來極衰淚不耐雙淫淫長風吹學
列叟御徒倚欄干懷不禁

竹葉舟

年來跡斷仲舒園閱書永夜焚膏油奇聞異說刮眼
前幾多遐想馳千秋邯鄲嘗借呂仙枕竹葉更有仙
翁舟陳卿本是不羈人才調自擬公侯進屠龍才大

無處試落魄聊作江湖遊青龍寺裏住烏籐為愛景
物擬清幽誰人壁上寫寰宇毫末咫尺分諸州江南
何處是吾鄉故園蒼茫烟樹稠過超清渭接長河與
與浩渺知難收何方化作畫中人扁舟從此尋蓬萊
終南山人誦來仙鍊道閱世如蜉蝣笑將竹葉着圖
上妙術誰識天機偷斯須幻出一孤舟寒濤幾浪迷
汀洲恍然身世入無何飄飄一棹橫中流孤帆張翰
適東吳輕颸陶潛歸古邱老妻稚子慰無恙鷄黍幾
日依相留青龍佳致記曾遊蒼江萬里頻回頭短棹
重引去時擬帆背似有風颼颼遙遙忽覺若形開遊

上畫圖還生愁山翁依舊坐擁褐柿林落照連層樓
似夢非夢醉非醉欲說此理嗟無由嗟余少有江海
志棲棲未決乘桴浮崑崙玄圃縮短屛十年雅興長
悠悠何緣倩得此翁術一葉更訪安期儔

悲騅馬

房星精彩鍾名騅毛骨凜凜天與奇騰驤自珍千里
足方皐一去知者誰英雄具眼識天機戲罷臺前還
自騎朝秣暮洛恩眷至錦韉玉鐙黃金羈當時秦鹿
逐在野幾人揮劍爭奔追君王奮臂倚勇力電散風
驚分四馳直將厥角馬上擠羣雄何用煩㚄典滎陽

數載足不休汗血敢辭筋力疲百戰要酬豢養恩怒
瞳夾鏡先參差沛中劉郎先着鞭翻覆兵家如奕碁
鴻溝纔見畫東西豈料先遭垓下危長鳴蹴踏數重
圍鐵騎滿眼還靡披陰陵月黑路不分大澤茫茫何
所之殘兵牢落似晨星八千子弟今誰隨超騰何處
遣天亡路窮江上空踟蹰英魂驚逐劍光散已矣神
能丁不時蒼茫落日涕橫墜塵沙撲面酸風吹追風
逐電志雖存背上無人那得施雲騣霧鬣日蒙茸龍
媒鳳胄成老羸低頭顧影瘦稜兢戀主微誠誰復知
顛沛非緣一蹶失仍是君王矜自持吁嗟騅兮豈[illegible]

爾帳下亦有悲歌姬

琴臺

成都城西笮橋外古墻埋沒生蒿萊人言馬卿此曾住中有文君沽酒臺雍容豔麗兩安在日落野鶴雲俱迴當年落魄客臨卭時從王子同徘徊瑤琴一奏卓老蓮瓊窓紗薄脩眉開多情似有夙世緣偷身半夜偕歸來歸來此地寓酒肆滌器任從傍人咍鳳凰得偶歸故鄉鴛鴦交頸清江隈家徒四壁豈所帆彈琴相對篘新醅得錢自足免飢寒屠沽末爲妨逸才鍾情一生豈復移消渴居然潛內催深盟密約指金

石死生此意終難回琴歌一斷誰復酬高才王顏空塵埃只今陂陀餘古基千載謾有遊人盃芳草疑看翠羅裙幽花宛對微醺腮君不見石家金谷鎖寒烟百年貧富俱悠哉

岳王墓

蒼茫斷壠蔓草荒一抹愁雲迷古樹短碑三尺半蒼苔云是南朝岳王墓當年忠義動夷夏緬想今人增景慕香孩鴻業屬中屯虜騎南驅終似雨神州萬里鐵妖氛二帝蒙塵五國路將軍奮臂雪國恥人欲挺掃腥膻汚吒咻熊虎風雲起轟騰旌旗雷霆怒喑啞顚倒萬人麾眼底中原隨指顧兵鋒到處輒摧破兀朮捧頭心膽怖朱仙鎭外血成川郾城門前屍無數兩河忠義願服命虜將就䰟爭歸附重恢舊業一蹴間班師王詔來何屢汴水如帶隔南北咫尺京城不得渡傷心盡棄十年功空有丹忱金石固奸雄畢竟事羅織九天雲深那得籲日月不到覆盆裏一片精忠無處訴屬鏤人悲伍子冤和議誰匡王室誤忘親釋怨山河羞帝獨如何迷不悟將軍一去事隨變誰極萬古彝倫斁黃壤千年白骨消壯心未死應如故我作長歌吊遺寃鳴咽松風山日暮

乾坤易之門

鴻濛纔判二儀分上者爲乾下爲坤人文朴略初未宣呈瑞却須龍馬頫聖人則之八卦成千載易道初發源拈得乾坤繫易首天地位定卑與尊天剛地柔寓二氣愛靜生生其德原剛柔相盪四而八六十二卦從此門一陰一陽充覆載萬化欝結而化屯屯者旣亨交者解盈塞通暢無餘究山川流峙咸自在雨露風雲從覆翻四時寒暑及盈虛日月往來晨復昏草木禽獸各具理生殺不見刀鑿痕誰非二氣運自然無偏無黨何平反隨之無後迎無前終始萬物惟

乾元坤爲配德專厚載萬物資之生且蕃相推變化摠由此至矣易理難具論有如君臣會明良庶事之康於此存何況夫婦衆健順生育之理于玆根學易要自兩卦始先賢有語非吾言

中天臺

周家天子好奇術異人遠自西方來千般幻化妙無窮君王願得長追陪仙蹤不喜塵穢處卜地別爲營高臺鍊石鏈殘萬山骨伐木鍺盡千林材高臺千仞倚中天肅然異界遺塵埃嶙峋眼底瞰終南彷彿席下看雲雷窓牖玲瓏眩金璧棟樑燦爛纏瓔瑰中有

鄭衛千蛾眉霓裳霞珮飄毰毸承雲晨霞奏靈樂隨風迴發清而哀白玉衣巾白玉食黃金盞斝黃金罍殫財竭慮奉朝夕此生庶幾同徘徊臺中美人隱玉几臺下君王香輦迴相隨遝舉入無何空中殿閣高崔嵬神遊未恰忽顛虛遽遽寶座形初開從玆自失到三月魄喪魂飛心似灰安知世外鍊形出方瞳不向人間回生笑君王惑迂怪暫來謾弄如嬰孩築臺空自竭民力始終不悟誠哀哉欲將詩句戒千秋愧非八斗曺郎才

春風倚棹闔閭城

湖南萬里遠遊客扁舟晚逗吳王城寒烟殘堞集棲烏落日蒼茫江水明芳洲倚棹寄遐想黍離無端傷我情泰伯遺緒到闔閭恢拓國勢寧民生城池設險五十里跨山渡水遙迴縈通門十二谷陵開邐迤雉堞高崢嶸要將鼈利保永久攻築肯念勞烝氓夫差事業席累勝會稽鳥竄棲吳兵蛾眉來自施水西一笑便令人國傾姑蘇高起九天半朱欄倒蘸西江清吳歌楚舞歡未畢越甲繞郭刀鎗鳴至德餘基掃地空朝市盡入遺黎耕門額八風與八卦千章古木迷榛荊依然形勢昔年樣野鹿羣遊猿鶴驚吳江嗚咽

吳山青添得行人愁未平多情最是舊時月臺前幾度經虧盈悽凉延佇獨不寐寒山半夜傳鍾聲

胥山

荒山之麓野藤蔓中有古祠深閉關扁舟繫纜訪古跡半嶺落日開烟鬟居人爲我說往事山因伍子名胥山先生忠烈萬古瞻凜然高義誰能攀報楚餘威擊南越越兵會稽栖茅菅自從西子入宮門姑蘇百尺連雲間君王沉樂置萬機直諫不能容把顏終然屬鏤賜我公恨不先誅伯嚭姦東門掛眼語纔畢鴟夷入水無時還吳人立廟寄遺愛遺像至今留人寰

廊門相對浙江水彷彿白馬馳蒼灣潮頭百尺尚薄
天千年怒氣無時删人七國悴理固然古臺鹿走莓
苔斑騷人自古好吟咏躋攀不憚山徑艱荒詩那解
志士冤聊記予語題堅頑

題茂陵石馬

千章拱木護古陵夕陽愁鎖寒烟凝數行石馬蔓草
間矯首風前驕欲騰興亾百變獨自閑閱盡千世如
風燈墓中英靈今在無緬想往事懷難勝當年意氣
誇宇宙蜉蝣出沒飛凡蒸區區何用魏中架天外閬
風期一登文成奇術誠長生五利與說尤無憑樓居

要自引神仙昆明畫閣開幾層銅仙承露倚半天金
盤玉屑清於氷瑤池阿母通好信紅巾青鳥來飄稜
承華宴罷忽飛去蟠桃時結知誰能崑崙玄圃思空
懸青鸞白鳥無由乘丹砂未化金鼎寒那得白日中
天昇浮生倏忽隙過駒鬢邊華髮遂鬅鬙捕風謬計
陷秦轍晚悟輪臺何足稱壯志終歸土一杯只今千
載堪爲懲石馬石馬渠獨壽步繞三匝空嗟矜生死
由來理莫逃久視此世人誰曾短歌聊復爲以題帝
若有靈應服膺

御史雨

犴獄多年結民冤冤氣浮天天亦怒天教旱魃熾虐
焰畏日炎雲焦下土雲霓望處御史來決獄彌月天
乃雨五原當日失二天嗷嗷赤子多艱苦冶長無罪
在縲絏欲訴哀情腸欲腐一失人和二氣戾旱甚殷
家飢甚魯赤地千里坼龜文黃埃四塞迷天宇誰能
釋冤格天心眞卿正直眞無伍聽訟猶人學夫子德
澤及民傾召杜政和巖得天地和樂只君子民之父
獄裏初聞滅久冤野外已覺流膏乳甘霖洽處仁澤
洽商羊舞時民爭舞浹我公田及我私麥穗歌聲喧
萬戶百穀穰穰歲將登萬姓欣欣皆安堵三農一雨

是誰力民曰御史功施普從來感應理不爽固知休
祥人所取成湯昔日禱桑林如麻雨腳隨風縷顏公
千載致佳雨所以令名垂千古嗟余十年學臥龍滿
腹雷霆藏不吐風雲他日作商霖德洽輿情輔明主

秦帝魯連恥

鎬京王氣已衰歇五霸亡來七雄起縱橫變作帝秦
說靡靡誰能正人紀賢哉四海一魯連一佚日舌扶
大義當時秦兵東搏趙坑卒長平幾萬指餘威四振
不敢救諸侯破膽空相視新垣將軍魏所倚却向邯
鄲奉君旨尊秦只爲却兵謀擧國何人曾不耻先生

慷慨相遠過氣吐長虹飛入齒秦人謫詭天下知面
訢頑然顏不泚首功登崇禮義亡真是方今戎狄耳
一朝偃然建大號自任私心施慍喜奮黃萬國困誅
求嗷嗷四海歸鞭箠衣冠文物變左衽汚俗盡向寰
區被秦梁況是俱萬乘名位吾知無彼此弭兵保境
雖所重只恐名分從茲毀茫茫東海有歸處我獨不
死終何竢却將利害析毫釐數語分明非與是新垣
屬耳便感悟再拜却稱天下士吁嗟布衣尚含憤頻
首周王信庸鄙昭昭大義揭日月一匡管氏邦專美
高節軒軒宇宙間景仰煩教吾輩企

石髓

神山萬疊鎮坤軸隱隱龍蟠幾百里蜿蟺清淑無處
着仙風吹入蒼巖裏堅頑內外泄不得融液中蔵凝
作髓至味真同玉飴甘秀色宛與青泥似從來靈異
着幽徑一片令人長不死豈獨中宵屍解仙白日昇
天功最美丹砂赤霜總與儘黃精瑤草却糠粃玉皇
高居憐至寶勅使仙靈防俗子千年只許一再開山
深路斷無由覘當時地仙王彥方布襪青鞋老山水
晴窗忽震天欲傾巖岫俱鳴崖岸圯[illegible]豁顛倒爲搜
訪石罅流膏若相俟欣然手取一咀嚼甘流喉吻寒

生齒平生四海嵇叔夜志趣久爲君所喜旋將一半
付相與服之庶得延千祀塵緣未盡還生疑忽覺堅
頑鐵難比悄然對立歎不遇只爲三生無爪耳嚴齋
一合幾時開蒼蒼古木層雲委髓名雖在實難徵千
古徒令人世企君不見伊川夫子壽民丹只在盡己
兼推己苟有志者皆可學不似石髓誇瓌詭

破琴

嵇公當年嘉遯處茅齋開向寒江潯人間萬事摠不
堪五絃却寓羲皇心蓬門驚見使者來膝下忽破平
生琴先生雅操厲氷雪回首一世無知音絲桐三尺

發要妙泝洄萬古藏中襟陽春白雪隨意弄北窓聊
和閑中吟高情常恐兒輩覺黃冠不換東華簪繁華
帝子愛聲樂尺牘遙爾門前臨偃然欲屈箕潁志華
屋暫代盲工箴伶官常笑箇令詩古調那諧鄭衛淫
琴兮曩昔寫幽趣百年托契於君深誰知名字反爲
崇此日投擲情難任平生耿介不可回我豈與俗同
浮沉如今召我爲汝在徃者不諫猶來今慨然撞破
嶧陽質飄散絃徽無處尋當時不獨使老饕高節嵬
峩千世欽彈琴豈關大人事起來可作商家霖吁嗟
武陵真妄庸小技敢欲煩山林親臨尚恐閉門堅斮

簡況容權勢侵休風到處激慵懦緬想高義懷難禁
濡毫試罷破琴詩半窓斜日梅移陰

山陰一茅宇

平生四海負季眞九秋爽氣浮眉宇東華剛厭化衣
塵歸作吳中山水主茅齋寄在會稽陰奇秀君應收
寸五餘生嘯咏付烟霞元亮清風來北戶昔年曾作
帝京客袖裏深藏修月斧襟期放達小稀阮詩律清
新誇徐庾風流自是拔俗標凌雲邈思人誰伍清光
元自厭承明歸與每驚長樂鼓北闕初上乞骸書一
曲湖感君恩普山陰晩落季鷹眺識面風光增媚嫵

已收勝景作菟裘肯把黃冠棲簪組千巖活畫勝黼
屏萬壑笙簧當兩部澄波十里鏡秋天倒影峰巒明
可數清宵獨鶴驚蓬松薄暮漁帆歸極浦逍遙長管
物外趣任使造物猜多取一朝歸侍玉皇案昔日風
懷那復覩寒松傳韻舊廬空蓬外白雲如白羽湖山
無色似含情况我思君懷正苦臨風一灑宿草淚佳
事凄凉不堪撫

雲沙真富貴

幽棲身世湖山限淡泊襟韻曾離羣江平野濶眼界
饒望裏萬像俱氤氳天公假我物外勝十里玉沙無
心雲無盡都輸素侯家世間爭奪徒紛紛邯鄲富貴
何足道石家金谷凌烟勳江南昨夜雨初霽楚山濃
翠浸江濆陰崖朝噴擘絮出一片二片連復分飛來
漸向渚邊散沙是白練雲是紋淡如高唐夢裏人雪
膚輕襯香羅裙皎如瑤池宴初罷銀屏玉帳明斜曛
長風驅盡廓一空瓊琚朱樓波沄沄無窮物色呈
奇自酒酌罷仍微醺繁華清麗異塵俗造物與我何
殷勤潘郎三峯似有無輞川侍翁吾笑君誰家亭榭
耀金碧錦幕繡幃蘭麝薰爭名取樂奕碁間翻覆百
年空感欣茅簷燕坐幽趣足竹杖時曳平沙垠雲沙

真作我菟裘長恐世間兒輩聞

鷽鳩笑大鵬

蒼蒼天宇九萬層有鳥扶搖名大鵬潛鱗縱彼鷽鳩
笑壯氣肯因籬棘增北溟鯤化擊水破垂天大翮連
雲騰茫茫八極一翻飛浩浩積風誰可乘翼蔽陽烏
背磨天崑崙下視如邱陵羲和倚日失拱御巨鼇抃
山攢嶒峻圖南六月始一息自信物中無我朋微禽
何處彊指笑翱翔意氣如誇矜搶楡控地可娛嬉安
用舉翼雲霄凌巢林只是一枝足容身不待天地能
謾將逍遙說長大奔颷一鼓天門登何知林下好飲

咏短領弱羽排飛昇騰蒼如許有底事恍惚徒令吾輩憎吁嗟物理固如此巨細萬殊窮未曾井蛙元不識東海夏蟲自是疑冬蝇蓬鷃霄漢本不同鷽鳩妄笑何足憑鵬兮鵬兮好自在老夫長歎因爾興

睡海棠

沉香亭畔春日永太真睡起扶殘粧宿酒微醺神氣倦午夢雲鬟歌繡床多情天子酷鍾愛却指嬌容方海棠海棠如妍倚玉砌夜雨催綻深紅房枝纖花重互低垂濃艶不是人間花亭中妃子仙骨肥體弱不勝雲錦裳雙渦酒暈似渥丹坐久睡痕猶滿眶清香

真態正相稱麗質芳姿雖短長君王重此萬機輕日日遊樂成荒亡宮中未惟鹿含花漁陽鐵騎紛騰驤盛業還隨春睡破翠華西路何蒼黃芳魂忽作馬嵬塵信馬不禁雙涕滂歸來故宮鎖寂寞階春物還芬芳東風能返海棠魂星紅依舊相似昂君恩未報一塊肉已矣無復溫柔鄉花自無情不解語臨風灑淚空彷徨當年睡態那可見脉脉相伴潛消腸三巳辛苦未暇悔惟有此恨終難忘姑穠結綺有明鑑始終不悟誠淫荒風流一語尚傳說名花至今生媚光

過唐坰舊居

蒼藤喬木古原路落日啼鴉野烟遲昔賢遺跡問無憑眼前物色都非舊悠悠遐想溯千秋忠鯁誰居夫子右一言曾破老肝膽雷取直聲軒宇宙當年怡眷此宴居種學胸中知日富才高濟世厭虛老三賦却向明光奏彤墀一拜諫議麻和璧庶幾從茲侍鵷班王立豈苟然願言堯舜吾君后鍾山老子專更張方田保甲紛如雨惟將傑辨任賢能反指老成譏固陋忠良屏去奸諛登國事分明歸大謬先生奮髯獨慷慨衝冠髮豎眉雙皺誅奸不用尚方劍自有風霜蔵蒲祕殿前一奏瀝血辭本自許國身違救奸雄未誅

骨先寒礦魄況如遊昇殺柴門不見住遺墟風翻野麥離離秀賢愚誰道抱亡年盖世高名君獨壽

十里荷花

吳中形勝九州稀佳麗臨安人最誇山河簇擁壯帝居南驛無心思舊家西湖風景別一區寒鏡十里芙蓉花水仙千隊靜粧麗凌波照影爭華奢平鋪雲錦望中迷一抹秋光蒸晚霞紅樓畫閣倚湖潯柳陰槐影相交加採蓮歌處弄荷珠蘭槳半帶蘋風斜金風玉露桂子秋月下清香飄遞遐繁絃寶管太平春迷堤無數遊人車江南猶幸保金甌念斷汴州天一涯

中原虛聖漢官儀九廟草合胡塵遮興衰關數豈人事雪譬章奏徒紛拏南南北北乃所願勝地莫教歡意差新詞翻出眼前好妙韻一唱倩人牙繁華惹起羯奴心胡鞭直指吳山晩恬嬉無乃事蒼黄河邊戰骨空如麻荷花初豈敵國媒人謀自是無忠嘉共天能安臣子心召侮非爾將誰耶偏安朝夕且爲樂南渡君臣良足嗟陳橋王氣此消歇遺跡謾結秋江葩

松坡遺稿

松坡公行蹟

贈領議政平陵府院君林公諱樞字叔茂號松坡錦湖公之從子也錦湖之弟曰貞秀 贈左承旨行刑曹佐郎佐郎公聘全義李氏縣令震嶭之女生公於

嘉靖己亥九月十七日亥時公生而穎達早擅詩名甲子中司馬栗谷先生榜二等壬申登文科沈忠謙榜第四夏分官承文院秋權知正字癸酉冬護送官于嶺南甲戌陞注書乙亥冬特陞六品拜司僕寺主簿俄遷工曹佐郎丙子秋全羅右道點馬未還朝拜兵曹佐郎丁丑春拜成均典籍尋又拜兵曹佐郎

戊寅春拜全羅道巡撫御史七月還朝陞吏曹佐郎尋陞兵曹正郎八月又拜忠清左道敬差官還朝即陞弘文館校理又移拜海運判官己卯以相避入爲禮曹正郎未肅拜移拜刑正又遷寧邊判官盖公才行冠世持論最正故大爲羣奸所猜嫉斥在邊地終未得清顯之言路云庚辰辛巳在寧邊壬午來覲于青陽縣二月丁李夫人憂守喪于羅州時承旨公適在京第癸未聞病報即登程奔馳到錦江聞喪返葬于羅州先塋乙酉服闋即拜刑曹佐郎未入京移拜平安都事會以相避遞差過數日即除壽城府使丙

戊在龜城以政最陞江界府使有娼嫉者劾政罷歸
結城自此以後無意仕宦因居于浮海亭自號松坡
居士　朝家召以叅議而終不赴職嘗有自解詩曰
芝蘭虛老澗邊生春鳥多情萬谷鳴十里長波風雨
惡孤舟寥落晚潮橫觀此一絕足可見公之志行孤
潔傲視濁世之意也果谷先生司馬榜中凡十七名
賢公居其右則可想其當時行望之卓犖皎然公之
從子竹溪公撰公之室俞氏碑誌曰公以才行名冠
一時西河李公所撰錦湖行蹟記曰其從子松坡觀
海兄弟俱以氣節著名清陰金先生撰金義州汝岉

碑文曰所與遊盡魁士徐義州益林龜城植最合清
陰先生爾侃寡與而以魁士獎許之公又與趙玄洲
緯韓玄江纘　情誼若昆季俞松塘泓挽公以文武
全才卓犖寡倫稱之觀於列賢獎讃交遊之跡而可
知公制行之高也以張谿谷先生之文章卓越而猶
稱林公以能詩鳴於世云爾則惜其詩文之多逸於
壬癸之禍凡有若干篇收拾於傳聞及諸賢集中者
戊子冬得寒疾卒于己丑正月初六日享年五十一
初娶海州崔氏郡守霽雲之女文憲公冲之後生二
男長得仁主簿次得義節度使討李夢鶴亂錄靖亂

功臣　贈公領議政再娶昌原俞氏參判必翥之女
寶文閣提學問之後也生四男三女男長得禮次得
智宜教郎次得信進士次得愓女長適觀察使林㦛
次適進士任㵾次適金瑬側室有一男長得良武科
副司果次得儉得仁生一男三女男巘女長適郡守
李澥次適郡守韓夢龍次適參奉趙惟直得義生四
男二女男長巑牧使次嶫縣監次嵂副提學次嵎參
奉女長適縣監李尚馝次適士人尹瑞得禮生二男
長巖次嵂得智生一男一女男長崙監役女適參奉
姜時萬得信得愓俱無嗣林㦛生二男一女男長埬

承旨次㙉吏曹判書女適李穉文科府使金瑬生三
男一女男長慶恒牧使次慶泰慶華俱無后女適士
人李養公以三百年簪笏世家弱冠才行無出其右
而年未五十退居江湖屢徵不起廓乎有不移之操
此可見平昔之素養家庭之所受而諸先生之稱許
者良有以也公之仲父錦湖公以鄭彥慤誣告壁書
慘死於丁未之士禍季弟觀海公以廣州牧使殉節
於甲子适賊之凶鋒三父子行義志節並美於前後
而無愧於千歲云（八孫九標 當錄功臣）
崇禎紀元後歲己未孟夏上旬曾孫再喬再拜記

松坡公墓表

不佞於 國朝名賢家慕錦湖林公嘗有執鞭之願
而顧生後不可得則又嘗喟爾曰錦湖旣不得以爲
役誠得錦湖賢子弟之有錦湖風節者而爲之撰次
其事行則亦足寓商山景行之慕嘗自介介於中甲
中春在錦城日有士人林君德遠袖其先祖松坡公
狀而示之曰先祖於錦湖爲從子而官不顯世且遠
墓尚無顯刻子其文之受而讀之卽所謂賢子弟而
有錦湖風節者是平生之願也雖不命其承孔命之
乎遂不辭而爲之敍次曰公諱權字叔茂松坡其自

松坡集附錄　三十八

號也其爲平澤人上世有諱彥脩諱成味仍兩世大
顯於麗朝爲東方著姓入我 朝代有簪纓至諱從
直官都事 贈兵曹叅議諱萬根官僉正 贈吏曹
叅判諱畯北道兵馬節度使諱貞秀官佐郎 贈左
承旨於公爲四代而承旨公卽錦湖之弟也兄弟俱
德以氣節著名娶全義李氏縣令震男之女以 嘉
靖己亥九月十七日生公公生而穎達早擅名詞場
甲子中司馬 國朝生進榜之得人最稱 嘉靖甲
子先輩嘗歷計栗谷先生以下十七名賢以爲藝苑
盛事而公名居第九其妙年標望可知也壬申登文

科分隷槐院由承政院注書歷試諸曹郞間出爲湖
南巡撫御史湖西敬差官入爲吏曹佐郞又爲弘文
館校理外除爲寧邊判官龜城江界府使皆有著績
而江界則因媢嫉者之言而改政此公之平生宦跡
也其可以盡公之用乎公遂無意於世大歸湖西之
結城朝廷累召不起作亭扁以浮海優遊終老於其
間名亭豈其有微意也歟噫公以大家子早歲發軔
名登淸名峻望傾倒士林使之處於臺省廊廟盡其
猷爲施措則言議事功必有赫赫照人耳目者顧乃
半生棲屑於郎僚郡邑之際而亦不能安其身沈淪

松坡集附錄　三十九

以終其世此盖公志高行潔不肯隨俗俯仰動遭排
擯而其終始坎壈於榮塗盖亦錦湖公餘派之所及
人固爲公惜而公則亦何嘗以是而爲忻戚哉其退
居湖庄也嘗有詩曰芝蘭虛老澗邊生春鳥多情萬
谷鳴十里長波風雨惡孤舟寥落晩潮橫此可見公
之志尙而可以外至之榮辱而累其靈臺也哉公之
季弟觀海公以廣州牧使殉節於甲子逆難噫錦湖
公之家一何多節行君子也公與錦湖觀海同稟純
剛之氣而處於錦湖觀海之世獨能免錦湖觀海之
禍此天之所以厚於公也區區宦塗之榮落又何論

耶獨恨以公之才調志行擯放下位使其經綸事業
不能表見於世而至其居家行懿餘事文章亦因家
藁之散落於兵燹無可考信今此狀中所錄只是寂
寥數行語而已豈非重可惜也然而一代諸賢之稱
道奬詡者甚多猶可得一二於十百就其中淸陰金
文正公嘗撰金義州汝岉碑文有曰公之所與遊皆
魁傑之士如徐義州益林鼊城檜是也公以錦湖之
姪觀海之兄友金徐二公而又得淸陰公一言以爲
重則此足以知公餘可略也公之卒在於己丑正月
去生年己亥爲五十一歲初配海州崔氏郡守霽雲

之女文憲公冲之後生男長得仁主簿次得義度節
使錄靖亂功封平城君繼配昌原俞氏參判必黎之
女生四男三女男得禮得智得信得悌女長適觀察
使林㙔次進士任滐次金瀅得良得儉側出男也公
之子男凡八人而平城策勳開府餘並錄從勳 贈
公領議政平陵府院君嗚呼錦湖觀海之裔孫皆零
替不能世其家而公以子貴恩贈至於上相內外子
姪至今蕃昌間亦有簪組不絕豈天以錦湖觀海之
所不食者并萃於公身而錫之後福以所定於百世
歟然則公之餘慶今亦有未艾者也歟銘曰

死於禍而有東京范李之風者錦湖翁耶殉於節而
慕睢陽張許之忠者觀海公耶以爲叔以爲兄而透
遲於濁世之中者松坡居士之不同而同者耶烏山
之南巋然三尺之崇者尚起敬於牧竪樵童者耶
崇禎紀元後三甲申嘉善大夫前行司諫院大司諫

俞彥述　謹誌

嘉靖甲子司馬榜十七名賢 出南藥泉家訓

栗谷 李珥叔獻丙申德水人贊成文成公

西厓 柳成龍而見壬寅豐山人領議政文忠公

梧里 李元翼公勵丁未全州人領議政文忠公

四眷 沈忠謙公直乙巳青松人兵判青林君

忠景 申點聖與庚寅平山人判中樞忠景公

鶴峰 金誠一士純戊戌義城人監司

栢巖 金玏希玉庚子禮安人大司憲

恥齋 洪進希古辛丑南陽人吏判端敏公

松坡 林植叔茂己亥平澤人 贈領議政平陵府院君

判書 尹晛伯昇丙申海平人判書

萬竹 徐益君受壬寅豐山人義州府尹

省庵 金孝元仁伯壬寅善山人司諫

承旨 姜緖遠卿戊戌晉州人

雲江 輔璟白玉 林川人永乿

□事 烏嶺崔景遊丙申感從人

□隱 李義健字仲癸巳金州人

王峯 白光勳彰卿丁酉海美人

書林松坡司馬榜叙後

方以類聚天以林松坡登 嘉靖甲子司馬榜蓮菊松柏以秋冬爲花葉麟鳳龜龍以聖世爲淵藪夫以一氣相感天亦主張公數於其間者殆非人力所能也不然何嘉甲多賢榜而松坡公在其選歟猶謂四海九州之人偶然而同一榜則妄也公

以錦湖之姪觀海之伯文章節行得於家者已奇偉卓犖而必以甲子榜登名者天也藥泉南公叙是榜而自栗翁以下歷計十七名輩以松坡公居中而上下之公之賢不待按家乘而可知爲先輩所推則不於是榜選尚可俟一氣之感然如是也而藥泉尚推之於有司掄選之艮嗚呼豈人力也哉然以賢輩而遇賢有司亦非天也歟遂感而爲之書

吳達運謹書

諸家雜說

清陰金先生撰金義州汝岉碑云所與遊盡一時士徐義州益林龜城某最合二公皆有母每遇壽觴公奉之如其大夫人二公爲之亦然

金誠一爲羅州牧使暗行御史宿於州人林某家某密通於府誠一正冠帶伺候於客舍大廳盛備盤羞使某稱私饌而進之使人相繼傳語探御史就寢始解衣冠歸私室誠一彊直不屈於人治又爲第一非畏一御史也而直以人臣敬王人其禮當如是也

萬曆中林某居喪住羅州時徐益爲茂長縣監往吊之以貧喪乏祭米爲辭益領之而去不數日駄

白粒三百石以輸喪家某不色難無辭而受兩人相許莫逆度量甚宏而其任俠不畏法若此

右二條出柳夢寅於于野談

躋公錦江書院道内儒狀 朴先采金濡等二百五十七人

伏以道學節義之士可以表準於當世而矜式於來學則祠宇之籩豆之以爲章甫依歸藏修之地此固 國家尊尚道義風礪世教之命典也今於羅州錦湖林先生院宇之移建寔爲士林不謀而同者茲敢稽顙東仰籲於 閣下觀風之政特賜採納焉盖惟錦湖先生禀山嶽精淑之氣得圖

閔淵源之緖出入乎粉署銀臺領袖於儒林賢流
嫉惡斥邪無小顧避乙巳之禍受之最酷年僅三
十四而雍容舍命言笑自若如非平日所操之得
其正大烏能如是乎年甫弱冠回轍錦江仰蘇就
盡如履平地此先生小少老大之氣節始終也考
諸竹帛想見其人於百祺之後則倘所謂當世之
表準來學之矜式者非耶嘗觀夫
中廟許以文武華使奬以多才退溪毎稱奇男陽
谷嘗推眞儒權忠定失聲而哭金河西棟樑之歌
可質乎先生之平生也且夫偉人豪士守正養深

尤庵宋先生弁卷之文也高才直氣中咽於下文
谷金相公發揮之篇也鋟梓發肴闡揚稱引則西
河李公之慕義好賢之誠致其壽後也祠宇之設
邊豆之享宜不在我東諸賢之後而果以當時士
論之未遑不能別建妥靈之所追配於羅松齋祠
宇者秖爲錦湖之於松齋其世同其學同文章德
業亦不相上下故也然其址也旣非平日杖屨之
所也其宇也亦非同時共設之享也迹涉苟艱事
同草率厥自追配之時已有未妥之議而至於春
秋祭享之際不無前後主客之異雖非故爲差間

之意而抑亦主一本院之由則事體之難安而多
有不可言者此實當時之欠典而目今之差事也
別設之擧有不容已而雖以大關節言之一邦士
女之能言而能聽者莫不知有錦湖先生而曾不
知錦湖祠宇之在於何處此蓋以先生之寄享而
時移世遠靈跡惟古之致也先生之道學如彼其
卓越先生之節義如彼其奇偉而章甫依歸之地
如此其湮沒此豈非靑襟者之厚羞耶生等乃與
一方諸儒相議卜地於錦水之北龍江之上此蓋
先生之徃來嘯咏之地也以爲別建妥靈之所而

且念松坡先生以先生之賢姪襲家庭之訓棄官
退隱累徵不起廓乎有不移之操浮海庭畔芝蘭
盧老晩潮孤舟可見其高潔之志大爲先輩所推
重而列在於果谷先生榜右十七名賢則其爲章
甫者孰不景仰而公議遷延尙欠俎豆之禮士林
之慨恨可勝言哉屛山兄弟宜配於忠顯之廟東
萊父子合享於龍山之宇則是父是子宜前宜後
今當重修之日將爲合享之計昨年秋營始工役
幾至半途而役巨力綿勢將中掇故敢爲齊聲呼
籲伏乞　閤下特軫尊尙道義風勵世敎之典顧

護功役事題下本州俾完大事增光士林千萬祈懇之至

松坡公遺稿跋

嗚呼我 朝士林之禍非一而乙巳之禍最酷被禍之諸賢孰不冤矣而錦湖之受禍最酷則最冤者錦湖公也板蕩之世敵愾殉節者何限而至於登俎上而受賊刃斷其舌而披其腹終始不屈則殉節之中最難者觀海公矣當 明宣之朝名賢輩出而文章才德妙齡峻望者其非松坡公耶發軔名途宜若大用而動遭排擯阨於下位年未知命脫然棄官退居江湖詩賦自娛公之見幾可謂不俟終日矣是故當世名賢多有奬許之言而俞參判之撰公墓表有曰死於禍而有東京范李之風者錦湖翁耶殉於節而慕睢陽張許之忠者觀海公耶以爲叔以爲弟而遯於濁世之中者松坡居士之不同而同者耶噫以公之文武全才若處於廊廟之上贊襄謨猷則其措處施爲必有大過人者而世旣莫我知則絜已遯世不以得喪欣慽於心故嘗有咏葵詩曰只全天與傾陽 未恨人看衆草同觀此一絕可見公之素養矣公之去世距今三百年則其卓行懿範咳唾珠玉盡逕於壬癸之兵燹百無一二其如干見存掇拾於諸賢集中而不足以成編故尚未得鋟梓時論者慨惜

余休官居家夫戚侄相手袖公詩踵門而囑余曰先祖之殘藁剩馥愈久而愈失恐至泯滅故今付剞劂盡爲我跋之余素不嫺於文辭不足以像公之英賢而[illegible]贊讚揚已於洪台弁卷之文盡之矣又何贅焉余竊有所感者以先生之文章氣節居家懿行立朝謨章蔚然[illegible]餘最可欽者而集傳之久壽於世者在乎其人之賢其詩之正不在乎卷軸之多寡有何傷焉遂爲之記

丙午仲秋通政大夫承政院左承旨前行大司[illegible]光山後人金洛龍謹跋

松坡文集卷之終

松坡集

역주 송파유고

편 역 : 충북대학교 우암연구소
발행처 : 충북대학교 출판부
발행인 : 김승택
주 소 : 361-763 충북 청주시 흥덕구 성봉로 410
전 화 : 043-261-2952, 3014
팩 스 : 043-274-1256
이메일 : presscbu@chungbuk.ac.kr
등 록 : 제1983-2001-7호
초판1쇄 : 2010. 6. 30
인쇄처 : 삼성디자인기획 042-221-3111

ISBN 978-89-7295-166-7 93090
값 15,000원